AF215097

Mit *"Der Wahnsinn hat Spätschicht!"* hat sich für mich ein lange gehegter Traum erfüllt: Die Veröffentlichung eines eigenen Buches. Wenn Sie beim Lesen nur halb so viel Spaß haben, wie ich ihn beim Schreiben hatte, dann haben wir beide gewonnen.

Tobias Kühnlein

Über den Autor

Tobias Kühnlein wurde 1983 geboren und ist im südlichsten Zipfel Oberfrankens aufgewachsen. Nach seiner Ausbildung zum Kaufmann im Einzelhandel erreichte er im Jahr 2008 die Fachhochschulreife und begann parallel dazu mit der Arbeit in einem Elektrofachmarkt. Nebenbei schreibt er als freier Mitarbeiter für lokale Tageszeitungen und Online-Magazine. Er ist darüber hinaus als hobbymäßiger Grafiker aktiv.

Seit 2017 ist er als Station Voice und Kommentator der deutschen Wrestling-Liga New European Championship Wrestling (NEW) auf Rocket Beans TV zu hören.

Tobias Kühnlein

Der Wahnsinn
hat Spätschicht!

Wahre Geschichten vom anderen Ende der Servicewüste

Überarbeitete Neufassung

© 2012, 2019 Tobias Kühnlein

Überarbeitete, zweite Auflage

Umschlaggestaltung: Tobias Kühnlein
Technische Unterstützung: Berthold Gaksch

Verlag & Druck: tredition GmbH, Halenreie 40-44,
22359 Hamburg

ISBN: 978-3-7482-7378-3 (Paperback)
        978-3-7482-7379-0 (eBook)

Die Geschichten in diesem Buch basieren auf wahren Begebenheiten. Alles, was Sie lesen, ist so oder ähnlich tatsächlich vorgefallen.

Kein Scheiß

Über diese Neuauflage

Jetzt dreht er komplett durch! Das ist es doch, was Ihnen so ganz grob durch den Kopf ging, als Sie gesehen haben, dass es zu diesem Buch aus dem Jahr 2012 eine überarbeitete Neuauflage geben würde, oder? Kommen Sie, Sie dürfen ehrlich sein... ich bin kritikfähig. Warum sollte ein mäßig erfolgreicher, ohne großen Verlag veröffentlichender Autor sein Erstlingswerk denn neu auflegen wollen? Ach, wissen Sie, dafür gibt's tatsächlich Gründe.

Es ist ein ungeschriebenes Gesetz im Buchhandel: Der erste Teil läuft immer am besten. Und dieses Gesetz hat sich mir mehr als eindrucksvoll bestätigt. 2016 kam nach über vier Jahren der zweite Teil dieser Reihe mit dem Titel „Der Wahnsinn macht Kassensturz!" in den Handel. Und er verkaufte sich ordentlich. Aber wissen Sie, was sich parallel noch besser verkaufte? Teil 1. Dieses Buch hier. 2018 habe ich dann die Trilogie, von der ich anfangs nie wusste, dass es eine werden würde, mit „Der Wahnsinn rechnet ab!" zu einem Ende gebracht, Einem gelungenen Ende, wie ich finde. Lesen Sie's! Und ja, auch dieser dritte Teil war von den Abverkäufen ganz okay. Zeitgleich wesentlich besser verkaufte sich aber, über sechs Jahre nach der Veröffentlichung – genau! - der erste Teil.

Einerseits freute mich das. Denn dass die Nachfolge-werke den ersten Teil nochmal so derartig anschieben würden, überraschte mich. An diese Möglichkeit hatte ich naiverweise nicht gedacht. Und ich danke jedem Einzelnen von Ihnen, der sich diese Bücher zugelegt hat. Wirklich, ganz ohne Witz.

Dann aber habe ich nachgedacht. 2012, im Jahre der Spätschicht, war ich blutiger Anfänger. Ich hatte keine Ahnung vom Bücher schreiben und noch weniger Ah-nung vom richtigen Satzbild oder einem ansprechenden Buchcover. Beides ging bei der originalen Spätschicht irgendwie schief. Das Cover war unspektakulär und auch noch im falschen Farbmodus angelegt, Schriftgrö-ße und Zeilenabstand waren viel zu groß gewählt – mein Debüt war handwerklich also gar nicht mal so gut. Auf neudeutsch: I fucked up big time! Und das ärgert mich bis heute. Denn damit ist das meistverkaufte mei-ner Bücher gleichzeitig das, mit dem ich handwerklich – nicht inhaltlich! – am wenigsten zufrieden bin.

Um sicher zu gehen, dass also alle, die meine Reihe starten wollen, ein schönes, rundes und einigermaßen solides Leseerlebnis haben, habe ich mich zu dieser Neuauflage entschieden, die, abgesehen von den zu-sätzlichen Kapiteln, inhaltlich identisch mit dem Origi-nal ist. Wäre schlimm, wenn nicht. Kleine und größere handwerkliche Patzer wurden ausgemerzt, grobe Satz-bau- oder Grammatikfehler nachjustiert, die Gesamtop-tik des Buchinneren an die Nachfolgewerke angeglichen und die daraus resultierende, geringere Seitenzahl des ohnehin schon kürzesten der drei Bücher mit den eben erwähnten Zusatz-Kapiteln ein bisschen gestreckt. Im Zusammenspiel mit dem dezent attraktiveren Umschlagsdesign habe ich also endlich die Spätschicht geschaffen, die ich von Anfang an haben wollte.

Und um Ihnen zu versichern, dass ich hier wirklich nur einige Jahre alte Fehler ausmerzen wollte und nicht die Absicht habe, Ihre Geldbeutel zu melken, verspreche ich Ihnen hier und jetzt in die Hand, dass es von Teil 2 und Teil 3 keine Neuauflage geben wird. Denn die passen so, wie sie sind. Überzeugen Sie sich gerne selbst. Nein, hier ging es wirklich nur darum, diesen Grauschleier aus meinem Kopf zu kriegen, der über der originalen Spätschicht lag. Ich denke, das Experiment ist gelungen.

Und jetzt? Jetzt legen wir los mit der Spätschicht, so wie sie 2012 begann. Mit einem furztrockenen und – in der angepassten Schriftgröße – erstaunlich kurz geratenen Prolog. Also, *noch* einem.

Und nicht vergessen: Alles, was Sie lesen, ist so oder so ähnlich wirklich passiert.

Ich wünsche Ihnen ganz viel Vergnügen!

Tobias Kühnlein, im Frühjahr 2019

Prolog

Ich freue mich sehr, dass Sie, werter Leser, sich dazu entschlossen haben, sich das zu Gemüte zu führen, was ich irgendwann zum Zwecke der psychischen Verarbeitung diverser Erlebnisse hier nieder geschrieben habe. Ich weiß nicht genau, was Sie dazu bewogen hat, sich ein Buch mit dem Untertitel *„Wahre Geschichten vom anderen Ende der Servicewüste"* zu beschaffen und nun damit zu beginnen, es zu lesen. Letztendlich aber weiß ich auch nicht, was *mich* dazu bewogen hat, es zu schreiben. Vielleicht möchte ich Ihnen einen Einblick in das geben, was tagtäglich in der wunderbaren Welt der Waren auf wundersame Weise Wirklichkeit wird – an alle Deutsch-Abiturienten: Das war bereits das zweite Stilmittel dieses Absatzes – vielleicht will ich Ihnen aber auch nur einmal den Spiegel vorhalten.

Denn es sind Menschen wie Sie und ich, die tagtäglich als potentiell zahlende Klientel einen Markt wie den betreten, in dem ich tagtäglich zur Arbeit erscheine. Und, ganz unter uns Betschwestern, ohne Sie, den gemeinen Kunden an sich, gäbe es eine Vielzahl der hoffentlich unterhaltsamen Kapitel und Episoden in diesem Buch vermutlich gar nicht. *„Gemein"* meine ich dabei natürlich nicht im Sinne von *„hinterlistig"*, wenngleich es in vielerlei Situationen durchaus nahe liegt.

Nicht aber nur der gemeine Kunde neigt hin und wieder zu bewussten oder unbewussten Gemeinheiten, wenn er sich auf dem Einzelhandels-Parkett bewegt, auch der Verkäufer, Einzelhändler oder Fachberater, wie er heutzutage gerne etwas euphemistisch bezeichnet wird, sympathisiert gerne mit kleinen und großen Ausbruchsversuchen aus der Lethargie der Arbeit. Ausbruchsversuche, die den Berufsalltag dann doch nicht so ganz alltäglich machen, wie er vielleicht zu sein scheint. Das Berufsleben eines gelernten Kaufmannes oder Verkäufers kann tatsächlich sehr erheiternd sein, wie Sie, so hoffe ich, auf den folgenden Seiten erkennen werden. Und dazu haben Sie alle auf irgendeine Art und Weise in der Vergangenheit schon beigetragen, das versichere ich Ihnen. Aber es ist lange nicht alles so unterhaltsam, wie es vielleicht scheint. Sie werden die Zwischentöne und Nuancen sicher bemerken und wenn am Ende des Buches die Uhr 12.09 Uhr zeigt, dann können Sie sich dessen bewusst sein, dass *"5 vor 12"* schon rum ist. Ein bisschen Moral darf da schon dabei sein, wenn Sie sich schon auf Kosten meiner wund getippten Finger hier amüsieren wollen. Lehnen Sie sich nun also zurück und genießen Sie den Ausflug in die unendlichen Weiten zwischen Wahnsinn und Werbekostenzuschuss.

Wo bin ich und wenn ja, wie spät ist es?

Ich stand gedankenverloren mitten in diesem unglaublich großen Raum. Rund 1.800 Quadratmeter groß, so sagte man es mir jedenfalls, als ich zum ersten Mal hier stand. Mein Wohnzimmer war dagegen ein Witz. Ich schaute mich um. Grob ein Dutzend weiß gestrichene Stahlbetonsäulen waren im Wortsinne die Grundpfeiler dieses architektonischen Durchschnittswerks. Unter der Decke hingen unzählige Halogen-Leuchtstoffröhren, diagonal, also in einem 45-Grad-Winkel zu den Seitenwänden angeordnet, um dem Raum optisch etwas mehr Dynamik zu verleihen.

Dynamik. Ha!

Um mich herum stand, nach einem grob erkennbaren System angeordnet, eine Vielzahl von Blechregalen, zusammengesteckt und aneinandergereiht in bis zu zehn Meter lange Monstren. Keines dieser Regale war höher als ein Meter fünfzig. Sie sollten den Blick nicht verbauen, den Weitblick.

Weitblick. Ha! Okay, zweimal auf einer Seite funktioniert das Stilmittel scheinbar nicht.

Zwischendrin in den langen Regalreihen - mal hier und mal da - Lücken, um hindurchzugehen, den Gang zu wechseln. Ganz ohne Kupplung. Der abgetretene Teppichboden unter meinen Füßen hatte den Charme von braunem, abgenutztem Bastelfilz.

In den Regalen standen allerlei bunte Verpackungen mit kryptisch klingenden Namen und Begriffen darauf. Begriffe, die augenscheinlich willkürlich aus zufälligen Buchstabenfolgen zusammengesetzt wurden. Worte wie nVidia, Bluetooth, IEEE1394, Cat5e, RS-232, PCI Express oder USB-Dongle. Über die Lautsprecher, die oben an den Stahlbetonsäulen hingen, lief in dezenter Lautstärke zufällig ausgewählte Popmusik, die eine angenehme Atmosphäre schaffen sollte. Angenehm also… das würde erklären, warum ich dort nie „*Je ne parle pas français*" hörte.

Ein großes, metallenes Rolltor trennte das Innere dieses Raumes, den man wohl fast als Halle bezeichnen müsste, von der Außenwelt ab. Während ich mich umschaute, fuhr das Rolltor mit einem mechanischen Geräusch nach oben und eine kleine Anzahl an Menschen kam in die Halle gelaufen. Es waren alle möglichen Arten von Menschen. Eltern mit Kindern, Senioren, Geschäftsleute, Jugendliche… manche von Ihnen liefen zügig in eine bestimmte Richtung, andere spazierten gemütlich und in ruhigem Tempo durch die Regalreihen.

Ein Mann Anfang 60 kam eilig auf mich zugelaufen und fragte mich:

„Moing! Errberrn Sie do?"

Um Ihnen die fränkische Lautschrift zu vereinfachen, übersetze ich Ihnen das kurz.

„Guten Morgen! Verrichten Sie hier in diesem Etablissement Ihre tägliche Arbeit?"

Ich blickte irritiert an mir herab. Die ausgetretenen Schuhe und die blaue Jeans gehörten definitiv mir. Das fragwürdig gefärbte Hemd aber habe ich auf keinen Fall freiwillig angezogen. Es war also mehr als offensichtlich, dass ich hier arbeitete. Spätestens das Schild mit meinem Namen und dem Logo des Unternehmens hätte diese Frage eigentlich überflüssig machen müssen.

Ich erinnerte mich zurück an meine Kindheit. An Weihnachten im Jahr 1988. Ich war gerade fünf Jahre alt und ich weiß noch sehr genau, was ich mir vom Christkind damals gewünscht hatte: eine Spielzeug-Supermarktkasse. Ich weiß nicht mehr genau, warum ich so ein Teil haben wollte, aber es schien mich beim Einkaufen mit meiner Mutter immer unglaublich beeindruckt zu haben, wenn die Mitarbeiter an den Kassen auf diesen mysteriösen Tasten herum tippten und im LCD-Display lustige Zahlen erschienen. Das Christkind meinte es damals gut mit mir. Ich bekam nicht nur eine funktionierende Spielzeug-Kasse mit Spielgeld und - wenn ich mich recht entsinne - sogar einem echten Bondrucker für Kassenzettel. Nein, außerdem bekam ich noch ein aus Holz gefertigtes Kaufladen-Regal mit vielen kleinen Leerverpackungen realer Supermarkt-

Artikel, wie Sie sie heute noch in jedem Spielzeug-Geschäft kaufen können. Kurzum: Ich war im siebten Gemischtwarenladen-Himmel und der Heilige Abend gipfelte darin, dass ich meinem Papa ganz stolz eine Packung Speisesalz und einen merkwürdig kleinen Karton Waschmittel verkaufte und den völlig utopischen Preis von zwei Mark fünfzig stolz in meine Plastikkasse eintippte. Bis heute glaube ich, dass mich das zumindest unterbewusst hinsichtlich meiner Berufswahl ein bisschen geprägt hatte.

Ich hätte gerne noch länger an meine unbeschwerte Kindheit zurück gedacht, doch der vor mir stehende Mann unterbrach meine nostalgischen Gedanken.

„Bassn's auf, Sie Schloofkabbn" - zu Deutsch: *„Aufgemerkt, Sie ausgeschlafener Fuchs Sie!"* - *„ich breichad a neie Maus"*

Ich setzte mein freundlichstes Grinsen auf.

„Na guten Morgen, junger Mann. Was brauchen Sie? Eine neue Maus? Aber gerne. Was für eine soll's denn sein?"

„Aana die funktioniert wär' guud!", antwortete der Mann schnippisch.

„Gut, dass Sie mir DAS jetzt noch gesagt haben, ich hätte Ihnen ansonsten womöglich eine defekte Maus verkauft!", antwortete ich hörbar genervt, während ich mein Grinsen professionell beibehielt.

16

Spätestens jetzt haben Sie es erkannt. Also, wirklich *spätestens* jetzt. Wenn Sie das Buch noch nicht kannten, den Klappentext nicht gelesen haben, den Prolog übersprungen und das Buch völlig blind gekauft haben, selbst dann haben Sie spätestens jetzt erkannt: Ich bin ein so genannter „*Fachberater*". Diese Bezeichnung ist eine Art Euphemismus, ähnlich wie „*Facility Manager*" für den Job des Hausmeisters. Es gibt nämlich keinen Ausbildungsberuf „*Fachberater*". Nein, ich bin tatsächlich ein gelernter Einzelhandelskaufmann und bin als eben solcher mitten in einem Elektro-Fachmarkt gelandet. In Franken.

Aber wie ist es so weit gekommen? Was ging auf dem Weg hierhin schief? Und warum glaube ich, dass Sie das alles witzig finden könnten? Die meisten dieser Fragen möchte ich Ihnen in den folgenden Kapiteln sehr gerne beantworten.

Klugscheißer-Wissen: IEEE1394 bezeichnet den Standard, der landläufig als „Firewire" bekannt ist. Benutzt nur fast niemand mehr. Genauso übrigens wie RS-232, besser bekannt als „serieller Anschluss".

Die Ausbildung –
Fürs Leben verdorben

Beginnen wir mit zunächst einer Definition: Landläufig wird der Beruf des Verkäufers gerne mit dem des Kaufmanns im Einzelhandel, so die offizielle Bezeichnung, gleichgesetzt. Grundsätzlich ist das auch nicht völlig falsch, beginnen doch beide ihre Ausbildung in ein und derselben Berufsschulklasse. Der Unterschied kommt am Ende des zweiten Berufsschuljahres. Während die Verkäufer ihre Schullaufbahn nun endgültig ad acta legen und nach der erfolgreichen Abschlussprüfung in den Beruf starten, lernen die Kaufleute im dritten schulischen Lehrjahr noch etwas mehr Buchführung, Bestellwesen und Lagerkennziffern – sie bekommen also auf gut Deutsch etwas mehr Theorie ins Hirnkastl gepresst. Mehr Theorie bedeutet also mehr Kompetenz? Guter Gott, nein. Die Leistung und das Knowhow eines Verkäufers möchte ich an dieser Stelle in keiner Weise schmälern, überschneiden sich seine theoretischen Kenntnisse doch immerhin zu zwei Dritteln mit denen eines Kaufmannes. Nur die Werdegänge beider Berufe sind vielleicht etwas anders.

Nehmen wir den Verkäufer: Er beginnt seine berufliche Laufbahn nach der Ausbildung gerne in einem Lebensmittelmarkt, einer Bäckerei oder einer Tankstelle. Hören Sie auf zu buhen, das sind keine böswilligen Klischees, das sind Tatsachen aus meiner einstigen Berufsschulklasse. Der gelernte Kaufmann und natürlich auch die gelernte Kauffrau hingegen – und der Kaufdiverse natürlich, um aktuell zu bleiben - finden Sie nach der Ausbildung eher in deutlich beratungsintensiveren Geschäften wieder. In einem Autohaus beispielsweise, in einem Fachgeschäft für Instrumente und Musikzubehör oder in einer gehobenen Parfümerie. Das heißt nicht, dass der Verkäufer nicht die Fähigkeiten besitzt, ein umfassendes Verkaufsgespräch zu führen. Das heißt nur, dass es von einem Verkäufer in der Regel nicht erwartet wird und es auch nicht zu seinen regelmäßigen Aufgaben gehört, seine Kunden über eine bestimmte Ware besonders umfangreich zu beraten. Warum auch? Dass an Säule 2 Super bleifrei getankt wird und die Joghurts im mittleren Kühlregal stehen, sehen Sie doch auch so.

Das war nicht so abfällig gemeint, wie es vielleicht klang. Ich bin weiß Gott kein Akademiker oder halte mich für was Besseres, nur weil ich Einzelhändler gelernt habe. Ich bin mit einer Ärztin liiert, daher habe auch ich eine gesunde Überdosis Minderwertigkeitskomplexe. Ich weiß lediglich ein wenig mehr über handschriftliche Buchführung - die heutzutage ohnehin kein Mensch mehr braucht -, mir wurden ein paar komplexere Lerninhalte im Umgang mit dem Kunden vermittelt und ich habe einen Wandertag, Entschuldigung, einen Verfügungstag mehr an der Berufsschule mitgemacht, als die Verkäufer. Das war es dann aber auch. Alles andere lernt man in der Praxis oder man bringt es von Haus aus bereits mit. Denn die Berufsschule sensibilisiert die Azubis lediglich für den Beruf des Kaufmannes im Einzelhandel, aber sie formt sie nicht von Grund auf. Ein gewisses Grundverständnis, eine angeborene Freundlichkeit und eine Freude am Reden, am Umgang mit anderen Menschen, sollten von Vornherein gegeben sein, ansonsten ist man in diesem Beruf schlicht und einfach falsch. Eine Prise schwarzer Humor und Sarkasmus kann dabei für zusätzliche Erheiterung sorgen, aber das haben auch Sie, lieber Leser, vielleicht schon erkannt.

Ich bin, wie schon erwähnt, exakt so ein Kaufmann im Einzelhandel. Ich habe diesen Beruf in den Jahren 2000 bis 2003 in der Siemens-Stadt Erlangen erlernt und habe eben dort die Staatliche Berufsschule Erlangen, offizielle Abkürzung „BSE" - kein Witz! - besucht. Bis heute arbeite ich, größtenteils sehr engagiert, in diesem Beruf. Glauben Sie nicht? Na hören Sie mal, so viel verdient man mit seinem ersten Buch auch nicht.

Meine schulische Ausbildung an der BSE wurde nachhaltig durch zwei Lehrkräfte geprägt, zwei alte Hasen, die in ihrem Job schon fast jedes Extrem erlebt hatten und in jeder Situation die richtige Reaktion parat hatten. Die eine Lehrkraft war zwei Jahre lang meine Klassenlehrerin und hatte den blumigen, französischen Namen Babette Gerard. Frau Gerard war eine unscheinbare, hagere, kleine und dünne Gestalt Anfang 50 mit einem Pagenschnitt in der Tradition von Mireille Mathieu. Ich hatte meine Zweifel, ob sich dieses winzige Persönchen gegen die Egos von zwanzig angehenden Berufsschülern zwischen 15 und 22 Jahren durchsetzen könnte. Die Zweifel waren unbegründet. Frau Gerard konnte sehr wohl auf den Tisch hauen, wenn es nötig war. Das war es allerdings nicht sehr oft, denn sie zeigte schnell, dass sie an die Intelligenz und den Lernwillen eines jeden einzelnen, noch so rüpelhaften Schülers glaubte. Damit konnte sie in kürzester Zeit eine sehr herzliche und vertrauensvolle Bindung zwischen sich und den Schülern erzeugen. Sie war zweifellos der Good Cop, der gute Bulle dieses Lehrergespanns.

Der andere Lehrer, im Prinzip der Bad Cop, auch wenn das nie wirklich zutraf, war Oskar "*Ossi*" Koll. Während "*Ossi*" in den meisten Gegenden Deutschlands eine abfällige Bezeichnung für ostdeutsche Mitbürger ist, ist "*Ossi*" gerade in Franken die gern und vor Allem respektvoll genutzte Kurzform für Oskar oder Oswald. Ossi Koll war in vielen Dingen das krasse Gegenteil zu Frau Gerard. Er war knapp über zwei Meter groß, durchaus im Ansatz muskulös gebaut, hatte grau meliertes, volles Haar und - sein wohl markantestes Markenzeichen - kam stets in einem weißen Feinripp-Shirt und einer Zimmermannshose mit passender, ärmelloser

Weste zum Unterricht. Herr Koll war ein Hüne, der mit einer unfassbaren Schrittlänge im Stechschritt durch die Gänge lief, und damit im geselligen Treiben der Erlanger Berufsschule zu jeder Zeit auffiel, wie ein bunter Hund. Wie Frau Gerard hatte auch Herr Koll ein gewisses Durchsetzungsvermögen, was aber aufgrund seiner tiefen, fränkischen Stimme und seines Körperbaus wenig verwunderte. Als er am ersten Schultag das Klassenzimmer betrat, hatte er bereits den Respekt jedes einzelnen Schülers, ohne dass er auch nur ein Wort gesagt hatte. Dabei war Herr Koll nicht annähernd so furchteinflößend, wie er auftrat. Im Gegenteil, er war im Umgang mit den Schülern sehr locker, wenn auch direkt. Als einer meiner Mitschüler eines Tages partout das Plappern nicht einstellen wollte, sagte Herr Koll sehr direkt

"Hast du ein Glück, dass ich dei Lehrer bin, da darf ich dich nämlich net Arschloch nennen. Nein... nein, dich nenn' ich net Arschloch. Dich net."

Subtil, oder? Ich mochte Herrn Koll, wie die meisten von uns. Er war ein wahrer Kumpeltyp und er gab uns in diesen Jahren der schulischen Ausbildung auch zahlreiche praktische Tipps mit auf den Weg. Warum erwähne ich diese beiden Lehrer so nachdrücklich? Weil sie wunderbar ehrlich waren und weil sie an uns und im Speziellen auch an mich glaubten. Jahre nach meiner Berufsausbildung, als ich mich entschloss, das Fachabitur an der Berufsoberschule in Angriff zu nehmen, sagten alle, ich könne das nicht schaffen. Die IHK sagte im Beratungsgespräch *"Ach, das schaffen Sie doch nie!"*, die Arbeitsagentur meinte *"Das ist viel zu schwer für Sie!"* und selbst meine Eltern hatten ihre Bedenken. Es gab nur zwei Personen - neben meiner Freundin -, die der festen Überzeugung waren, ich hätte das Zeug dazu, das zu packen. Und das waren Herr Koll und Frau Gerard. Sie waren letztendlich der Auslöser, dass ich diesen Schritt wagte und dafür werde ich den beiden ewig dankbar sein.

Die schulische Ausbildung war allerdings nur die eine Hälfte, die andere Hälfte der Ausbildung fand im Betrieb statt. Mein Ausbildungsbetrieb war ein kleines, meine Freundin würde sagen *„muckeliges"* Computerfachgeschäft - im Wesentlichen ein Vier-Mann-Betrieb. Ein winziger Fachhändler ohne Anschluss an eine große Kette oder eine Einkaufsgemeinschaft. Hätte man als sportlich begabter Mensch etwas Anlauf genommen, wäre man mit einem Satz vom Verkaufsraum, am Lager vorbei, durch das Büro in die Werkstatt gesprungen. Na gut, mit einem Dreisprung vielleicht. Der Vorteil an dieser geringen Größe: Es war ein sehr persönlicher, kleiner Laden. Man kam als Kunde rein und kannte die Mitarbeiter, man wusste, was man kriegt und konnte sich auch mal dreißig Minuten ausführlich und meist auch halbwegs kompetent beraten lassen, ohne dass sich dahinter eine Schlange ungeduldiger und nörgelnder Folgekunden gebildet hätte.

Ja, dieser Laden hatte Charme und zweifellos einen ganz eigenen Charakter. Das fing schon bei meinem damaligen Chef und Ausbilder an. Eigentlich hieß er Joseph und wir waren mit ihm vom ersten Tag an per du. Joseph wollte aber nicht Joseph genannt werden, sondern bestand auf eine amerikanisierte Abwandlung seines Namens, weswegen er sich mir gleich am ersten Tag vorstellte mit den Worten *"Hallo, ich bin der Joe!"*. Warum man ihn so nannte, ich gestehe, ich weiß es bis heute nicht. Aber egal ob es seine Lebensgefährtin, Verwandte oder Freunde waren, es wurde immer gefragt, ob der Joe grad da sei.

Ich gebe zu, zu Anfang mutete das alles etwas seltsam an. Nicht nur, dass mein Chef geduzt werden wollte, auch die Tatsache, einen Mann mit tiefstem fränkischem Dialekt als *"Joe"* anzusprechen, fand ich anfangs etwas gewöhnungsbedürftig. Joe war ein charismatischer aber grundsätzlich immer etwas brummiger Mann knapp jenseits der 50, der an der unteren Hälfte seines Kopfes weit mehr Haare hatte, als an der oberen Hälfte, und die meiste Zeit eine Brille auf der Nase hatte, auch wenn er immer wieder mit zugekniffenen Augen versuchte, ob er denn nicht auch ohne sein Nasenfahrrad zurechtkäme. Er war ein Mann, der sehr freundlich sein konnte, wenn er denn wollte. Seine permanent ruppige Art konnte ich ihm nicht übel nehmen, bei all dem Blödsinn, den wir Azubis so trieben. Dennoch: Hatte er einen guten Tag, konnte man wirklich sehr gut mit Joe auskommen. Gute Tage waren jedoch leider nicht die Regel. Die Regel war, dass Joe laut wurde, ich möchte fast sagen ausfallend. Er hatte keine Skrupel, den Azubi in der Werkstatt anzubrüllen und dabei Vokabeln wie „Trottel", „Unfähigkeit" oder „Arsch" zu verwenden. Wir fühlten uns deswegen nicht diffamiert oder beleidigt, wir kannten ihn, wir wussten, von wem es kommt. Man arrangierte sich mit seiner Art sehr schnell.

Wenn Joe mal wieder laut wurde, war das für niemanden zu überhören. Aufgrund der recht überschaubaren Größe des Geschäfts war es also auch für Kunden im Verkaufsraum meist kein Kunststück, Joes, na, nennen wir sie „Expressionen", im Wortlaut zu verstehen, wenn er gerade in der Werkstatt wieder etwas erblickte, was ihm nicht gefiel. In jenem Verkaufsraum saß meist ein zweiter Azubi, mindestens genau so engagiert wie der arme Tropf in der Werkstatt. Dieser Kerl versuchte, wortgewandt und mit all seiner Eloquenz die Fluchtiraden des Chefs mit flotten Sprüchen, unterirdischen Kalauern („Unsere Toiletten? Die sind in Indien. Am Ende des Ganges.") oder charmanten Ablenkungsmanövern gegenüber den Kunden zu überspielen. Dieser Azubi war in aller Regel ich. Waren Sie schon einmal in Erlangen? Wenn nicht, dann lassen Sie sich gesagt sein, dass Erlangen die zweitschwerste Stadt ist, um in Deutschland den Führerschein zu machen. Das habe nicht ich mir als verbitterter Fahrschüler von damals ausgedacht, das wurde irgendwann einmal amtlich so festgehalten und ich habe es aufgeschnappt. Angewandtes Wissen, und so. Die zahlreichen Gässchen, verkehrsberuhigten Bereiche, Einbahnstraßen und Parkverbotsschilder lassen Erlangen selbst für ortsunkundige aber geübte Autofahrer zu einer Nervenprobe werden. Das machte ich mir, nicht zuletzt aufgrund der eher heiklen Parkplatzsituation vor diesem kleinen Laden an der Ecke gerne zunutze, um die irritierten Kunden von der nicht immer charmant formulierten und vielleicht auch ein wenig geschäftsschädigend wirkenden Fluchtirade Joes abzulenken.

"Entschuldigung, ist das Ihr Auto, das da eben einen Strafzettel bekommt?"

Oh, Sie würden sich wundern, wie oft diese so scheinheilig wirkende Frage in Erlangen nicht einmal gelogen war. Die Politessen streiften wahrlich im Akkord. Aber selbst, wenn keine Dame mit dem Knöllchen-Gerät zu sehen war, genügte diese zugegebenermaßen nicht sehr kreative Ablenkung meist, um die Aufmerksamkeit des Kunden wieder auf etwas anderes zu ziehen als auf Joe, der gerade mit einem hochroten Kopf aus der Werkstatt gestiefelt kam. Zumindest, bis zur nächsten „*Unfähigkeit*" eines Mitarbeiters – und die entdeckte er im Schnitt bereits nach rund zwei Minuten.

Ich mochte meinen Ausbilder Joe. Trotz seiner Art. Vielleicht auch gerade deswegen. Denn es wurde nicht langweilig mit ihm. Er war das, was man gemeinhin als sympathischen Kauz beschreiben würde, und das, obwohl ich in meiner Lehrzeit wirklich mehrmals lautstark mit ihm aneinander geraten bin. Rückwirkend betrachtet ist das merkwürdig, denn ab dem Tag der bestandenen Abschlussprüfung und damit dem Ende meiner Ausbildung verstand ich mich urplötzlich wunderbar mit ihm. Keinerlei Reibung mehr, keine Rüffel, keine Schimpftiraden. War es der Respekt, dass ich durchgehalten hatte? Nein, ich glaube vielmehr er war einfach nur entspannt. Entspannt, weil er genau wusste, dass die nächste Fuhre an Azubis bereits vor der Tür stand und er wieder kleine, unschuldige Mitarbeiter hatte, die er "*formen*" konnte. Arme Schweine.

Mein damaliger Chef war ein Mensch mit Lebenserfahrung und einem fundierten Wissen im wirtschaftlichen Bereich und in der Buchhaltung, nicht zuletzt deshalb durfte er schließlich auch ausbilden. Er war in dieser Hinsicht wirklich das, was man gerne als Koryphäe bezeichnet. Über dreißig Jahre nach seiner Ausbildung wusste er noch immer die Dinge, die wir als Azubis nach zwei Monaten in der Berufsschule schon wieder vergessen hatten. Es war bemerkenswert, wenn der motivierte Lehrmeister in ihm durchkam und er uns die kaufmännische Preiskalkulation an konkreten Beispielen aus dem Geschäftsalltag erklärte oder uns zeigte, wie man den Vorgang einer Warenrücksendung schulisch und damit auch buchhalterisch gesehen korrekt verbuchen musste. Ja, Joe hatte diesbezüglich viel auf

dem Kasten und das hat mir und all den anderen Azubis, die unter ihm gedient haben, nicht geschadet.

Woran es bei ihm allerdings etwas haperte, war das
Fachwissen in Bezug auf das, was er verkaufte, die Wa-
renkenntnis. Dieser Mann führte ein Computergeschäft
- man muss fairerweise dazu sagen, dass er es mehr
oder weniger freiwillig vom Vorbesitzer übernommen
hatte - und war von allen anwesenden Mitarbeitern
tatsächlich der, der sich in diesem Metier am wenigsten
zurechtfand. Ein Problem war das für ihn aber nicht,
den Kunden gegenüber konnte er das nämlich zu jeder
Zeit sehr gekonnt verschleiern. Geholfen hat ihm dabei
letztendlich wohl auch seine etwas ruppigere Art. Wer
widerspricht schon einem Mann mit Vollbart und einer
sonoren aber lauten Stimme? War er in einem Verkaufsgespräch mit einem Kunden, dann wurde seine
Stimme sehr durchdringend und er ließ sich etwaige
Unsicherheiten niemals anmerken. Das darf man nicht
falsch verstehen, er kannte sich zweifellos aus und
wusste über die grundlegenden Umstände bestens Bescheid. Auch konnte er Computer nach den Wünschen
der Kunden problemlos aus den gelieferten Einzelteilen,
Mainboard, Prozessor, Grafikkarte und so weiter, zu-
sammenbauen. Aber Joe kam jedes Mal spürbar ins
Schleudern, wenn sich ein Kunde besser auskannte, als
er selbst. Das passierte dummerweise nicht selten, immerhin sprachen wir mit unserem Geschäft doch eher
die Menschen an, die von Computern schon eine gewis-

se Ahnung hatten. Das waren oftmals Studierte von der Uni - und die machen in Erlangen subjektiv geschätzt achtzig Prozent der Einwohnerzahl aus -, manchmal sogar echte Freaks oder auch Nerds, die mit Fachvokabular förmlich um sich warfen. Was ein Nerd ist? Keine Sorge, diesen Begriff definieren wir später noch etwas genauer, nur Geduld.

Mein Azubi-Kollege Frank und ich wussten sehr genau um die Fachwissenslücken unseres Ausbilders und mit der Zeit entwickelte sich so etwas wie eine nonverbale Bestätigungskommunikation zwischen uns und unserem Chef. Wir fühlten uns stellenweise wie soufflierende Pantomimen. War Joe gerade in einem Kundengespräch vertieft und wirbelte mal wieder mit technischem Detailwissen um sich, so passierte es regelmäßig, dass er einen nach Bestätigung suchenden Blick zu mir oder Frank warf. *„Richtig, wenn Sie diesen RAM-Speicher in Ihren PC einbauen, dann taktet er sich von den 333 Megahertz automatisch, entsprechend den übrigen Modulen in Ihrem PC, auf 266 Megahertz runter"* - ein kurzer Blick zu mir, ein kurzes Nicken meinerseits, alles im grünen Bereich. Dass es wirklich so war, würde er damals wie heute nie zugeben, dafür war und ist Joe einfach zu ehrgeizig und vielleicht auch in bestimmter Weise eine Spur zu unantastbar und zu stolz.

Vornehmlich im Sommer, wenn die Menschen Besseres zu tun hatten, als PCs zu kaufen und ihre Freizeit lieber im Biergarten zubrachten, hatten wir in unserem kleinen Laden viel Gelegenheit, uns im Internet und in Fachzeitschriften über neue Produkte und kommende Trends zu informieren, neue Prozessoren zu bestellen oder unsere Rechnerkonfigurationen auf unserer Preisliste zu überarbeiten. Schließlich mussten wir die Neuheiten alle schon auf dem Kasten haben, wenn der nächste Nerd zur Tür reinkam. Dabei blieben fachliche Diskussionen zwischen Frank und mir nie aus und auch unser Chef wollte mit seiner Kompetenz ungern hinter dem Berg halten und sich stets in die Fachsimpelei mit einschalten. Wie üblich war er auch hier von dem, was er zu wissen glaubte, sehr überzeugt und er zögerte auch nicht, dies mit seiner sehr lauten Stimme zu unterstreichen. Ohne Joes Kompetenz schmälern zu wollen: Er hatte nicht immer Recht. Nur einsehen wollte er das nicht. Sein Lieblingssatz in diesem Zusammenhang war stets: *„Ach, erzähl 'mer doch keine Schtories!"* – genau, mit *„Sch"* wie *„Schnitzelbrötchen"*.

Was ich von Joe lernte, war keine Theorie. Es war die Praxis, die Kampferfahrung direkt an der Front im Schützengraben zwischen Angebot und Nachfrage. Dass mir diese Ausbildung, die beinahe der eines Drill Sergeants in der US Army gleichkam, später in meiner Karriere noch helfen würde, war mir zu diesem Zeitpunkt noch nicht bewusst.

Ich sage das mit vollem Ernst und ohne jede Zweideutigkeit und Ironie, wenn ich behaupte, dass sich für die Ausbildung zum Einzelhändler nichts besser eignet, als ein dermaßen kleines Geschäft. Da kriegen Sie jedes Extrem mit und machen während Ihrer Ausbildung so ziemlich alles, was Sie sich vorstellen können. Meine Lehrzeit umfasste jede Tätigkeit, die in diesem Laden anfallen konnte: Verkaufsgespräche, Angebotserstellung, Preiskalkulation, Werbung, den Laden durchwischen, Brötchen holen, Warenannahme, Sortimentspflege, Reparaturen und Rechner-Neubauten, Mahnwesen, Preisverhandlungen bei Großhändlern und Lieferanten, Vor-Ort-Dienstleistungen, das Putzen der Schaufenster und sogar die Renovierung des Verkaufsraums. In größeren Unternehmen wären mit diesen Tätigkeiten gut ein Dutzend Mitarbeiter beschäftigt. Hier waren es zwei Azubis und es hat funktioniert. Ich wurde während dieser betrieblichen Ausbildung zweifellos auf alles vorbereitet, was mir in diesem Beruf jemals widerfahren könnte, inklusive der berühmt-berüchtigten Problemkunden.

Klugscheißer-Wissen: Für Parken mit abgelaufenem Parkticket kassiert man in Erlangen ein Bußgeld in Höhe von 20 Euro. Parken Sie ohne Parkticket, beläuft sich das Bußgeld lediglich auf 5 Euro. Nur so als Tipp.

Mittlerweile wird die „Staatliche Berufsschule Erlangen" übrigens mit „SBE" abgekürzt. Keine Ahnung, wann das geändert wurde. Ob ich daran schuld bin…?

Wenn der Kunde mit dem Anwalt...

Kennen Sie sich mit Computern ein bisschen aus? Wenn ja, wunderbar. Wenn nicht, keine Sorge. Auch für Sie finde ich gleich noch ein paar verständliche Analogien. Aber warum frage ich Sie das, lieber Leser? Nun, stellen Sie sich vor, es kommt ein Kunde in den Laden, der den Kontakt mit dem armen, geschundenen, Drill Sergeant-geplagten Einzelhandels-Azubi mit folgenden, von einem bereits leicht angriffslustigen Unterton durchzogenen Worten beginnt:

„Guten Tag. Ich habe vor einem halben Jahr diese Soundkarte hier bei Ihnen gekauft. Da hatte ich noch einen Computer mit Windows 98, ich habe die Karte eingebaut und sie hat wunderbar funktioniert. Jetzt habe ich Windows XP auf meinen Computer installiert und die Karte wird nicht mehr erkannt. Ich habe keinen Ton mehr. Ich will mein Geld zurück!"

Bevor ich nun weiter auf das eingehe, was anschließend passierte, möchte ich Ihnen eindringlich versichern, dass das die absolute Wahrheit ist. *Das* ist so wirklich passiert. Kein Scheiß. Falls Sie nun zu der Gruppe von Lesern gehören, denen das eben erwähnte technische Grundverständnis in Sachen Computer fehlt, möchte ich Ihnen einen Vergleich an die Hand geben, der Ihnen das Absurdum dieser Situation verständlicher macht. Stellen Sie sich einfach vor, Sie arbeiten in einer Metzgerei und verkaufen einem bestimmten Kunden jeden Tag dieselbe Salami. Eines Tages kommt dieser Kunde und fordert sein Geld zurück, weil ihm die Salami auf dem neuen Roggenbrot, das er sich gestern erstmals in der Bäckerei nebenan gekauft hat, nicht mehr schmeckt. Würden Sie ihm bedingungslos sein Geld wiedergeben? Nein. Sie würden eher das denken, was ich in diesem Moment dachte: *„Ja is' der noch ganz Pattex im Hirn?"*... oder so ähnlich.

Nun, das Wohl und die Zufriedenheit des Kunden hat natürlich stets oberste Priorität – das ist es zumindest, was wir Einzelhändler Ihnen im Idealfall möglichst glaubhaft vorgaukeln möchten. Daneben haben das kostendeckende Arbeiten und das Erwirtschaften eines positiven Jahresergebnisses eine ebenso hohe Priorität. Aber Sie haben Recht, wenn Sie jetzt sagen, dass das Eine doch ohnehin aus dem Anderen resultiert. Zumindest lasse ich Ihnen diese Illusion einfach mal.

Entsprechend meiner kundenzufriedenstellenden Grundeinstellung war ich bemüht, dem Kunden so freundlich wie möglich zu vermitteln, dass seine nicht mehr funktionierende Soundkarte sehr wohl funktionieren würde, würde er sie wieder an einem PC mit dem Betriebssystem Windows 98 nutzen und damit den offiziellen und auf der Verpackung aufgedruckten Systemanforderungen des Herstellers für diese Soundkarte folgen. Oder wenn er sich eine neue Soundkarte für knapp acht Euro kaufen würde.

„Das würde bei keinem Hersteller dieser Welt unter einen Garantieanspruch fallen, zumal an der Karte selbst kein Defekt festgestellt werden würde.“, erklärte ich.

Sie sehen, werter Leser, ich war wirklich bemüht und freundlich, bin dabei stets ruhig und sachlich geblieben und habe versucht, den schon leicht schnaubenden Kunden und seine vibrierenden Nüstern zu beruhigen. Für einen kurzen Moment glaubte ich zu wissen, wie sich die Bekloppten in Pamplona jedes Jahr fühlen mussten. Sie wissen schon, kurz bevor die Stiere losgelassen werden.

„Das akzeptiere ich nicht. Ich will mein Geld zurück!“,

wehte es mir entgegen und das natürlich in einer Lautstärke, die einen Wutausbruch meines Chefs um Längen übertönt hätte, hätte er hinten in der Werkstatt gerade geflucht – danach war ihm aber scheinbar gerade nicht. Nun hätte man diese Sache natürlich auf der Basis von Kulanz und Kundenfreundlichkeit lösen können. Das sollte – Konjunktiv! - die Regel in jedem Einzelhandelsbetrieb sein. Zugegeben, das mit der Kulanz war in diesem Fall auch nicht ganz so einfach. Das Gerät war mehrere Monate alt, zeigte Gebrauchsspuren und überdies deutlich Schraubspuren an den Stellen, an denen es im Computergehäuse fixiert wurde. So etwas nimmt

Ihnen kein Lieferant mehr zurück und so etwas kauft Ihnen auch kein Kunde mehr ab. Und darüber hinaus habe ich es in diesem Moment einfach nicht eingesehen, diesen aggressiven und konfliktsuchenden Auftritt mit Kulanz zu belohnen.

Was nun folgte, war also Resignation meinerseits. Wie man in den Wald hineinruft, so schallt es zurück, heißt es. Und obwohl ich ein von Haus aus sehr ruhiger und beschwichtigender Mensch bin, lief ich in diesem Moment Gefahr, die Contenance zu verlieren. Auch als Einzelhändler oder Verkäufer muss man sich nicht alles gefallen lassen, einen ausfallend werdenden Kunden als Allerletztes. Das wurde mir nicht in der Berufsschule vermittelt, das ist ein persönlicher Grundsatz meinerseits. Denn auch die Würde eines Verkäufers ist unantastbar. In diesem konkreten Fall bedeutete das, dass ich meinen Chef um Unterstützung bat - fest in der Hoffnung, er könne dem erregten Kunden mit etwas Ruhe und Sachlichkeit den schwierigen Umstand erläutern.

Lassen Sie sich das mit der "*Ruhe und Sachlichkeit*" bitte nochmal kurz auf der Zunge zergehen - und dann denken Sie an Joe! Ich weiß, was Sie jetzt sagen wollen und Sie haben Recht. Die Annahme, das erhitzte Gemüt des Kunden könnte sich durch eine Krisen-Intervention seitens Joes abkühlen, war töricht und einfältig. Genau das Gegenteil war der Fall und dass ich diese Eskalation nicht habe kommen sehen, versuchen Diplom-Humanologen der Uni Erlangen bis heute zu erforschen. Aus dem bemühten Versuch eines angehenden Einzelhändlers, einen erbosten Kunden zu beruhigen, wurde nun das mehrere Minuten andauernde, lautstarke Streitgespräch zweier erwachsener Männer, das von vornherein zum Scheitern verurteilt war. Wo bitte sind die Blauhelme, wenn man sie mal braucht?

Frank und ich bezogen derweil Stellung in der Werkstatt, schlossen die Glastür zum Verkaufsraum und genossen das wahrlich gestenreiche und immer noch klar verständliche *„Gespräch"* der beiden. US-Talkmaster Jerry Springer hätte seine helle Freude gehabt und auch wir sehnten uns in diesem Moment nach einer Tüte mit warmem Popcorn. Der Laden war in seinem Grundriss so geschnitten, dass wir durch die gläserne Werkstatttür wie durch ein Panoramafenster direkt in den Verkaufsraum blicken konnten und es war, als würde man zwei stolzen Hähnen zusehen, die sich immer weiter aufplusterten, um ihr Gegenüber einzuschüchtern. Die Vorstellung endete schließlich damit, dass der Kunde mit hochrotem Kopf und mindestens zweihundert Prozent wütender als bei seiner Ankunft das Geschäft verließ, im letzten Satz lautstark mit seinem Anwalt drohte und einen unfreiwillig komischen Eindruck bei uns hinterließ, als er zum Abschluss versuchte, unsere mit einem automatischen Türschließer versehene Ladentür mit ordentlich Schmackes zuzuschlagen. Wenn Sie das jemals versucht haben, dann wissen Sie, wie dämlich das aussah. Mein Chef ging im gemütlichen Schritt zurück in die Werkstatt und zog an uns mit einem amüsierten Grinsen und den Worten „*So ein Depp*" vorbei. Er hatte zweifellos seinen Spaß. Der Kunde seinerseits ward nie wieder gesehen, ebenso wenig wie ein Schreiben seines Rechtsanwalts.

Ich weiß, das war alles andere als ein Musterbeispiel für den richtigen Umgang mit einem schwierigen Kunden - liebe Azubis, bitte vergesst das eben Gelesene gleich wieder. Denn letztlich macht der Ton die Musik – ob mit oder ohne Soundkarte.

Klugscheißer-Wissen: Mittlerweile sind Soundkarten überholt. Nur noch in seltenen Fällen baut sich jemand eine separate Soundkarte in den PC. Heutzutage besitzen alle Mainboards, also alle Hauptplatinen, einen integrierten Soundchip, der sogar Surround-Sound erzeugen kann. Aber damals, in der Ausbildung… vorm Krieg… sah das noch anders aus. Ich werde alt.

Tatort Franken

Wie geographisch interessierte Menschen vielleicht schon erkannt haben, ist meine Heimat das wunderschöne Franken. Die Ausbildung im mittelfränkischen Erlangen absolviert, bin ich in einem kleinen Dorf im südlichsten Teil Oberfrankens aufgewachsen. In der oberfränkischen Provinz zu leben, bringt jedoch einige nicht von der Hand zu weisende Nachteile mit sich. Genossen junge Leute in der nächst größeren Stadt das Nachtleben, war mein größter Spaß, meinen kleinen Bruder, eingeschachtelt in einen alten Fernseh-Karton, den Hang hinter dem Haus runter zu schubsen. Die Folgen: Ich habe bis heute keine Disco von innen gesehen und mein Bruder zuckt auch mit 22 noch zusammen, wenn ich eine hektische Bewegung mit meinen Armen mache. Dazu kamen weitere, mich in meiner Entwicklung stark hemmende Umstände: Ich hatte auf dem Dorf keinen Internetzugang, wenn ich mir beim Spielen das Knie aufgeschlagen hatte, wusste es zwei Minuten später der Bürgermeister und wenn der einzige Gemischtwarenladen des Dorfes drei Wochen Betriebsurlaub machte, war die einzige Alternative, sich mit Konsumgütern einzudecken, die Dorftankstelle. Doch in so einem von Gott und jeglicher Zivilisation verlassenen Ort zu leben, hatte auch Vorteile: Es zeigte mir immer wieder die unglaublichsten Phänomene der Gattung Mensch.

Es war eines Morgens in den Sommerferien, der kleine Tante-Emma-Laden unten an der Ecke hatte geschlossen und ich holte mir mein völlig überteuertes Cola-Mixgetränk an der Tankstelle. Und just an diesem Morgen war die Schlange vor dem Kassenschalter für unsere dörflichen Verhältnisse doch recht lang. Insgesamt vier Kunden – ja, vier! - warteten vor mir darauf, ihren Sprit und ihre Zeitung zu bezahlen. An der Kasse stationiert war, wie immer werktags von sechs bis acht Uhr morgens, diese mürrische, unfreundliche alte Dame von nebenan, die stundenweise aushalf. Wie das eben so ist, mit Familienbetrieben auf dem Dorf. Das war ein notwendiges Übel, das ich jedoch in Kauf zu nehmen bereit war. Was ich nicht in Kauf zu nehmen bereit war, war der Gestank von Mist und Gülle, den ich plötzlich von hinten erschnüffelte. Hinter mir reihte sich ein ortsansässiger Bauer in seinem vor Dreck stehenden Blaumann in die Schlage ein, er hatte gerade seinen Traktor – kleine Kinder sagen bei uns auch gern Bulldog dazu – aufgetankt. Dass er wirklich einen Blaumann trug, war rein an der farblichen Musterung des Kleidungsstücks jedoch nicht mehr einwandfrei zu erkennen.

"Morgen!", säuselte ich in demonstrativem Hochdeutsch. Denn wer im Dorf nicht grüßt, ist ein Stoffel und wird bei der nächsten Gelegenheit bei der Oma,

also bei der eigenen, verpetzt. Alles schon mal dagewesen.

„Horch, dei Buum sogn aa net Grüß Gott und Adee, so a Volk, naa!".

Für alle Zugereisten übersetze ich simultan:

"Mensch, deine kleinen Racker gedenken auch nicht Hallo und Auf Wiedersehen zu sagen. So eine Rasselbande, fürwahr!"

Fränkisch ist toll.

Da die geruchsintensive Fahne nach Mist, Gülle und mindestens einer fehlenden Dusche unweigerlich nach vorne zog, klinkte ich mich durch einen improvisierten dreifachen Axel seitlich aus der Schlange aus und ließ den Mann mit der Güllefahne gnädig an mir vorbeiziehen, während ich so tat, als würde ich mich mit dem Zeitschriften-Regal anfreunden. Vertieft in die Titelblätter von diversen Fernseh- und Multimedia-Magazinen vernahm ich mit halbem Ohr, dass mein einstiger Hintermann, der mit dem Gülle-Blaumann, mittlerweile bei der Tanken-Oma angekommen war, seine Füllung und eine Tageszeitung zu zahlen bereit war und dann im besten oberfränkischen Dialekt einen höchst spektakulären Satz begann. Ich zitiere lautschriftlich:

"Servus Morriandl..." - zu Deutsch in etwa *"Guten Morgen, liebreizende Marianne"* - *"... gibbsd 'mer nu a Schachdl rode Gauloises!"*

Da staunte ich nicht schlecht. Er hatte tatsächlich Gauloises gesagt? Unfassbar. Ich hatte mich auf *"Gau-Leu-Ses"* oder ein ähnliches Gebrabbel eingestellt aber am Ende seines urfränkischen Schreis nach Nikotin setzte dieser Sämann ein völlig korrekt ausgesprochenes, französisches Wort ein! Ich stand völlig verwirrt vor dem Zeitschriften-Regal und hatte Mühe, meinen erstaunten Blick von den beiden geschäftigen Personen an der Kasse weg zu richten. Keineswegs wollte ich der Kassen-Omi auffallen und ein heiser gebrülltes *"Wennsders lesen willsd, kaafsters gfälligst!!"* - eingedeutscht etwa *"Wenn du das Printmedium verinnerlichen möchtest, solltest du es käuflich erwerben!"* - riskieren. Nicht auf nüchternem Magen und nicht an diesem Morgen.

Ich für meinen Teil habe mich in Franken nie wirklich unwohl gefühlt und tue das auch bis zum heutigen Tag nicht. Den fränkischen Dialekt habe ich mir aber nie so wirklich angeeignet. Ich bin sehr hochdeutsch aufgewachsen – warum, das konnte mir auch nach 30 Jahren niemand so recht erklären. An meinen Eltern lag es nicht, beide sind Franken mit Leib und Seele. Vielleicht war es eher die Angst, mich zu blamieren. Zu oft hatte ich zugehört, wie mein Vater im Gespräch mit wichtigen Menschen oder Vorgesetzten - Randnotiz: Vorgesetzte müssen nicht automatisch wichtige Menschen sein! - krampfhaft versuchte, hochdeutsch zu reden. Ein Highlight war da sicher, als er eines Tages einem Kollegen erzählte, er habe gerade „*ein Loch gebahrt*". Klar, „*gebohrt*" klingt eben total fränkisch.

Fakt ist, dass ich immer schon auf eine sehr hochdeutsche Aussprache Wert legte, sogar schon als Kind. Wer es einmal gescheit lernt, blamiert sich später nicht, dachte ich mir wohl. Bereits zu Beginn meiner Schulzeit mussten sich meine Eltern deshalb immer wieder Sprüche anhören wie „*So wie der redd, is' der doch net vo' euch.*" – übersetzt also in etwa „*Habt ihr angesichts der Sprachfärbung eures Filous schon einmal einen Vaterschaftstest in Erwägung gezogen?*". Auch mein Vater wusste sich meiner ungewohnt hochdeutschen Aussprache oftmals nicht anders zu erwehren, als in allen erdenklichen Situationen hin und wieder ein „*Red net so g'schwolln daher!*" (dt.: „*Sohn, was sprichst du ständig so gehoben?*") zu blöken. Ob er neidisch war? Spätestens, als sich herausstellte, dass ich im Fach Deutsch sehr solide Leistungen ablieferte, war sich zumindest meine Mutter sicher: „*Des hat er von mir*", und das will ich nicht mal leugnen.

Nun heißt das aber nicht, dass ich der geborene Radiosprecher wäre, wenngleich viele Freunde und Bekannte meine Stimme als sehr ruhig und sonor beschreiben. Ein gerolltes R oder ein „*des*" oder „*fei*" - Langenscheidt übersetzt „*fei*" mit „*fürwahr*" und bezeichnet es wahrheitsgemäß als „*fränkisches Füllwort*" - rutscht mir dann eben doch immer mal wieder raus und so lässt sich meine fränkische Herkunft wohl nie völlig leugnen. Womit auch das mit der Vaterschaft wieder geklärt wäre. Und doch kam es immer wieder zu amüsanten Zwischenfällen, wenn beispielsweise mein Deutschlehrer am Gymnasium felsenfest davon überzeugt war, so wie ich redete müsse ich aus der Gegend um Göttingen kommen – einer Stadt, von der ich damals noch nicht einmal exakt wusste, wo in Deutschland sie liegt. Nein, Geographie war nie meine Stärke - nur wo Patagonien liegt, das weiß ich heute noch. Auch meine Geschichtslehrerin an der Berufsoberschule, wo ich Jahre später auf meine alten Tage das Fachabitur einsackte, fragte mich eines Tages, wo ich denn herkäme. Als ich ihr daraufhin wie selbstverständlich meinen Wohnort nannte, fragte sie ohne zu zögern:

„Nein, ich meinte woher Sie ursprünglich kommen!?"

„Sie sind doch kein Franke", war sich schließlich auch mein Deutschlehrer in derselben Schule sicher. Er war ein Fan von mir, das lässt sich zweifelsfrei sagen. Er mochte meinen Stil, den ich aufs Papier brachte, wenngleich er der Meinung war, dass ich dadurch nur inhaltliche Mängel überdecken würde. Und er mochte mein stimmhaftes 'S', wie er es nannte. Musste also eine Passage aus der Klassenlektüre verlesen werden – *„Militärmusik"* von Wladimir Kaminer! - so konnte ich meine Schultasche darauf verwetten, dass ich zum Vorleser erwählt wurde. Ja, er mochte mich und ich weiß, dass er seinen Spaß an diesem Buch hat. Es wird ihn stilistisch überzeugen, inhaltlich wird er zweifellos Mängel finden. Nicht wahr, Herr Dörfler?

Klugscheißer-Wissen: *Göttingen war bis 1964 eine kreis-freie Stadt und wurde erst durch das „Göttingen-Gesetz" in den gleichnamigen Landkreis integriert. Dennoch besitzt Göttingen bis heute noch das Privileg, in vielen Dingen wie eine kreisfreie Stadt agieren zu dürfen.*

Wegstationen

Nun haben Sie sicherlich schon bemerkt, dass mein Lebenslauf Ungereimtheiten aufweist. Ja, ich war am Gymnasium und ja, ich habe es nicht geschafft. Dass ich den Weg aufs Gymnasium gewählt habe, lag, so glaube ich heute, nicht an meinen guten Noten sondern vielmehr an meiner Lehrerin in der fünften Klasse. Ich vermag nicht zu sagen, warum, aber sie hatte stets das dringende Bedürfnis, uns viel zu erzählen. Sie erzählte uns von dem, was sie bisher so erlebt hatte. Von dem, was andere Klassen so machten, egal ob besser oder schlechter. Und von dem, was ihre Tochter so machte. Besonders auf ihre Tochter schien meine Lehrerin, Frau Lindner, sehr stolz zu sein. Frau Lindner war damals knapp über 40, hatte schulterlange, lockige Haare und ein sehr durchdringendes, urfränkisches Stimmorgan. Anders als mein späterer Ausbilder Joe war sie jedoch eine wahnsinnig nette und herzensgute Person. Also, ohje, Joe war schon auch nett. Irgendwo. Unter seinem Bart vielleicht. Aber er versteckte es eben sehr gut. Egal, was wollte ich sagen? Ach ja, Frau Lindner.

Zwischen ihren ausgeschmückten Erzählungen wurden natürlich hier und da ein paar kleine Proben geschrieben und ein paar Noten vergeben - beispielsweise aufs

Vorsingen, jaha! - aber man konnte sich des Gefühls nicht erwehren, dass dieses ganze fünfte Schuljahr lern-inhaltlich irgendwie, Sie entschuldigen, für'n Arsch war. Verstehen Sie das nicht falsch, ich mochte Frau Lindner wirklich, sie war eine der sympathischsten Lehrerinnen, die ich jemals hatte. Doch wenngleich Frau Lindner als Mensch wunderbar war, so schien sie als Lehrerin irgendwie das Klassenziel verfehlt zu haben. So gab es am Ende mangels tatsächlich gesammel-ter Leistungen lieber ein paar gute Noten im Zeugnis zu viel als zu wenig. Und plötzlich fragten sich alle - Leh-rer, Eltern und Mitschüler - warum ich denn mit solch guten Noten nicht aufs Gymnasium wolle.

Mein Vater war schon immer gegen das Gymnasium. Er konnte sich mit dieser Schulform, an deren Ende das Abitur stand, nie so recht anfreunden. Er sagte immer

> *„Gymnasium... da lernst doch nix Gescheites. Das ist al-les bloß Theorie, da lernst nix fürs Leben."*

Sicher, ich denke, an der Hauptschule hätte ich für mei-nen täglichen Überlebenskampf wesentlich praktikable-re Techniken und Taktiken erlernt – der Grundkurs *„Guerilla Nürnberg-Gostenhof"* wäre ohne Zweifel span-nend gewesen - aber dafür war ich nach Ansicht von Frau Lindner zu schlau und irgendwann begannen sogar meine Eltern, ihr zu glauben. Sie gewöhnten sich langsam daran, dass ich einmal kein Mensch sein sollte, der ein Loch *bahrt*, sondern einer, der anderen sagt, dass sie eins zu *bahren* hätten.

Was soll ich sagen? Mein Vater hatte Recht. Mit dem Gymnasium, nicht mit dem *bahren*. Es *ist* alles nur Theorie. Man wird dort zweifellos auf das Abitur in all seiner Grausamkeit vorbereitet, nicht aber aufs Leben danach. Ich persönlich verfolge mittlerweile, mit etwas Distanz zu meiner Schulzeit, die Theorie, dass achtzig Prozent aller Abiturienten nach ihrem Abschluss an der ersten Fußgängerampel hilflos verenden, weil sie nicht wissen, woher dieser mysteriöse Klopfton kommt, der unsere blinden Mitbürger sicher über die Straße geleiten soll. Ja, das Bild vor ihrem geistigen Auge finden Sie jetzt richtig lustig, ich weiß.

Auch ich hatte kaum mehr Bezug zur Realität. Ich war sechzehn, als mir meine Eltern erklärten, dass ich für die Berufsausbildung noch mal auf die Schule müsste. Das war für mich ein Schock, das hatte mir vorher keiner erklärt, verdammt! Neun Monate später verpasste ich das Klassenziel der 10. Jahrgangsstufe und ging mit einer lediglich durchschnittlichen Mittleren Reife über das Hintertürchen der "*besonderen Prüfung*" vom Gymnasium ab. Fehlende Motivation, kein Ziel mehr vor Augen und ganz nebenbei schien es so, als könnte ich mich mit Mathematik nicht so recht anfreunden. Es folgten die bereits thematisierte Ausbildung sowie zwei Versuche, in großen Multimedia-Märkten Fuß zu fassen. Reißen wir das Thema nur kurz an: Mobbing und cholerische Vorgesetzte sorgten dafür, dass beide Versuche scheiterten. Da wünscht man sich doch insgeheim, in einer Zeit zu leben, als man den Begriff Mobbing noch mit besonders fleißigen Putzfrauen in Verbindung brachte. Gut, ich geb's ja zu, der Gag war flach, aber Mobbing ist einfach kein schönes Thema.

Als es beruflich also nicht so Recht voran gehen wollte, beschloss ich, meinen Dämonen noch einmal den Kampf anzusagen und, nicht zuletzt auf den Rat meiner ehemaligen Berufsschullehrer Herrn Koll und Frau Gerard, auf die Berufsoberschule zu gehen. Ich hatte eine berufliche Ausbildung, also konnte ich diesen Schritt wagen, wenngleich mir angesichts meines mathematischen Wissens dabei etwas Bange wurde – und „*etwas Bange*" war da noch dezent ausgedrückt. Im Nachhinein aber war der Entschluss, die BOS zu besuchen, eine Entscheidung, die ich nie bereuen würde. Was hat mir diese Schule alles gebracht? Ein wirklich gutes Fachabitur, die Gewissheit, dass ich Mathematik doch verstehen kann und die Begegnung mit einigen Menschen, die ich mittlerweile zu meinen besten Freunden zähle.

Das erste Schuljahr an der BOS begann im September. Nur wenige Wochen danach klingelte eines Abends das Telefon. Am Apparat war Herr Kreutzer, der Marktleiter eines Elektro-Fachmarkts in meiner unmittelbaren Nähe. Ich wusste zuerst nicht so recht, was der Mann von mir wollte, doch dann fiel es mir wieder ein. Auch dort hatte ich mich Jahre zuvor, nach der Ausbildung, beworben und wurde damals prompt zu einem Vorstellungsgespräch eingeladen.

„Wenn es nach mir ginge, würden Sie sofort anfangen",

sagte Herr Kreutzer damals zu mir und wirkte auf mich wie der netteste Chef, den ich jemals hatte. Warten Sie, ist das die korrekte Zeitform? Wie der netteste Chef, den ich jemals gehabt haben würde? Ach, egal, denn von Nettigkeiten kann man sich nun mal leider nichts kaufen. Budgetkürzungen verhinderten schließlich meine Einstellung und irgendwann hatte ich vergessen, dass ich mich dort beworben hatte. Dementsprechend groß war die Überraschung, als ich jetzt, Jahre nach dieser Bewerbung, diesen Mann wieder am Telefon hatte. Er bot mir tatsächlich, nachdem ich zwei Jahre in der Arbeitslosigkeit dahingesiecht bin und mir mehrfach überlegt hatte, ob man sich tatsächlich mit einem schnurlosen Telefon strangulieren könnte – Chuck Norris kann das ja angeblich -, eine Vollzeitstelle in der PC-Abteilung seines Marktes an. Ich hätte mich freuen müssen und in einem ersten Reflex hätte ich die Schule wohl beinahe sausen gelassen. Aber dann gewann die Vernunft in meinem Kopf und ich sagte dem netten Chef am anderen Ende der Leitung, dass ich lange mit mir gerungen hatte, ehe ich die Entscheidung, noch einmal die Schulbank zu drücken, getroffen hatte. Und ich wollte jetzt, so kurz nach dem Start, meine Meinung nicht ändern. Herr Kreutzer respektierte diese Entscheidung, ziehen lassen wollte er mich aber dennoch nicht völlig. Zumindest auf 400 Euro-Basis stundenweise dort zu arbeiten bot er mir an. Da ich jeden Euro gut brauchen und mir außerdem etwas Berufserfahrung nicht schaden konnte, nahm ich dieses Angebot dankend an.

Klugscheißer-Wissen:

Bayerische Gymnasialschulordnung (BayGSO), § 67, Abs. 1:

„Schülerinnen und Schüler der Jahrgangsstufe 10, denen wegen der Note 6 in einem oder Note 5 in zwei Vorrückungsfächern die Vorrückungserlaubnis nicht erteilt worden ist und die in den übrigen Vorrückungsfächern keine schlechtere Note als 4 erhalten haben, können durch die Besondere Prüfung den mittleren Schulabschluss erwerben. Das einmal erworbene Recht zur Teilnahme an der Besonderen Prüfung bleibt erhalten, wenn bei Wiederholung der Jahrgangsstufe 10 nicht die nach Satz 1 erforderlichen Leistungen erzielt wurden."

Mann, da hab ich ja Schwein gehabt…

Am Ziel angekommen

Nun begann ich also endlich wieder als Einzelhändler zu arbeiten. Und was ich erlebte, gefiel mir. Sympathische Vorgesetzte, mit denen man offen reden konnte, ein angenehmes Betriebsklima und kein überzogener Leistungsdruck – und dennoch schreibt das Unternehmen bis heute schwarze Zahlen. Ich weiß nicht, ob das in allen Filialen dieser Firma so war, in dieser Filiale aber hatte mit Herrn Kreutzer ein Mann das Ruder in der Hand, von dem man sich erzählte, er sei früher Sozialpädagoge gewesen. Das musste stimmen, kein nüchterner Wirtschaftler hätte sich zwei Jahre nach meiner Bewerbung noch bei mir gemeldet. Was allein die Aufbewahrung der Bewerbungsunterlagen am Ende an Lagerkosten ausgemacht hätte…

Zweifellos, Herr Kreutzer war sozial. Er hatte immer ein offenes Ohr und behandelte seine Angestellten nicht von oben herab. Dieser Mann war sich nicht einmal zu schade dafür, an hochfrequentierten Tagen selbst aus dem Büro zu kommen und den Dienst am Kunden zu tun. So etwas hätte es in anderen, wohl bekannten Elektro-Fachmärkten nicht gegeben. Dort waren die Ledersessel und der riesige Flatscreen im Marktleiter-Büro wohl einfach zu verführerisch, als dass eine Führungsperson dort jemals die massive Feuerschutztür zum Verkaufsraum hinter sich gelassen hätte. Aber genug gestichelt.

Freilich gab es Unterschiede zu meiner Ausbildung. In meiner Ausbildung saß ich permanent hinter einer Theke und wartete auf Kundschaft, während sich meine Hämorrhoiden bei jedem Blinzeln vermehrten. Hier aber bewegte ich mich per pedes durch den Markt und sprach jeden einzelnen Kunden an, grüßte ihn freundlich und fragte, ob ihm noch zu helfen... ähm, wie ich ihm denn helfen könne. So wurde es mir beigebracht. Startschwierigkeiten gab es dabei lediglich körperlicher Natur, denn meine Füße begannen schnell zu rebellieren. Neun Stunden am Stück zu stehen und zu laufen ist eine sehr unangenehme Sache, wenn man es nicht gewohnt ist. Die ersten vier Wochen spürte ich meine Füße abends nicht mehr und als ich am nächsten Morgen aufstand und wieder zur Arbeit fuhr, hatten sich meine Quadratlatschen vom Vortag noch nicht einmal richtig erholt. Und es waren stellenweise wirklich üble Schmerzen. Aber, ich versichere Ihnen, es ist reine Gewohnheitssache. Nach ein paar Wochen machte mir das ewige Stehen nichts mehr aus.

Aber es gab noch weitere Unterschiede. In meiner Ausbildung arbeitete ich in zivil, jetzt gab es Einheitskleidung. Zugegeben, die Farbgebung der Hemden war nicht sehr glücklich gewählt, ich kam mir eher vor wie ein Müllmann. Ganz kurz sehnte ich mich dann doch zu den stilvollen, weißen Baumwollhemden anderer Fachmarkt-Ketten zurück. Aber mittlerweile hat sich auch das mit den Müllmann-Hemden erledigt. Jede große Firma erfindet sich alle paar Jahre mal optisch ein bisschen neu. Und dazu gehörten dann irgendwann Gott sei Dank auch die Arbeitshemden.

Sie sehen also, die Arbeit in einem großen Elektro-Fachmarkt unterscheidet sich erwartungsgemäß grundlegend von der Arbeit in einem kleinen PC-Geschäft. Letztere ist beratungsintensiver. Wie schon eingangs erwähnt, wurde ein Kunde während meiner Ausbildung auch mal dreißig Minuten beraten. Ein Flächenmarkt ist da viel schnelllebiger, da geht Ihnen schon bei drei Minuten parallel viel zu viel Umsatz durch die Lappen. Und dennoch muss man sich ab und zu die Zeit nehmen, die man eigentlich nicht hat. Ich habe einmal ein älteres Ehepaar 25 Minuten lang zum Thema Farbdrucker beraten. Die beiden waren mit dieser neuen Technik nicht sehr vertraut und hatten viele Fragen. Fragen, bei denen mancher Fachberater schon genervt reagiert hätte, weil diese technischen Zusammenhänge für einen Menschen im jüngeren Alter selbstverständlich sind. Nun ist ein 75-Jähriger mit dieser Technik nicht aufgewachsen und man muss daher versuchen, Verständnis für diese Menschen aufzubringen. Es ist ohnehin nicht selbstverständlich und verlangt größten Respekt, dass sich die ältere Generation mit diesem „neumodischen Schnickschnack" noch befasst. Das Ehepaar fühlte sich gut beraten – gekauft haben sie aber nichts. Dem nächsten Kunden habe ich dafür binnen zwei Minuten ein 800 Euro-Notebook verkauft. Ohne großes Zutun, er wusste eh schon, dass er es wollte.

Wo ist die Moral der Geschichte? Der junge Mann kaufte sich sein 800 Euro-Notebook und ward nie wiedergesehen. Das ältere Ehepaar aber, das keinen Cent in der Kasse gelassen hatte, schrieb am nächsten Tag eine E-Mail an Herrn Kreutzer und lobte meine Geduld und meinen engagierten Umgang mit ihnen.

Und nun denken Sie mal darüber nach, welcher Kunde mich mehr befriedigt hat. Das ältere Ehepaar oder der junge Mann? Nun, das sind einfach diese kleinen Dinge, von denen man im Einzelhandel auch noch Jahre später zehren kann. Sie geschehen viel zu selten, aber wenn sie dann doch mal passieren, hat man ewig etwas davon. Wechseln wir lieber das Thema, Sie werden mir grad zu nachdenklich.

Klugscheißer-Wissen: Um nachdenkliche Menschen auf andere Gedanken zu bringen, können schlechte Witze Wunder wirken. Ehm.

Ein Vampir auf einem Tandem wird von der Polizei angehalten. „Haben Sie was getrunken?" – „Ja, zwei Radler!".

Dios mio, ist der schlecht!

Nachlass-Verwalter

Mit dem Rabattgesetz ist das so eine Sache. Seit einigen Jahren darf jeder Kunde beliebig nach Rabatten oder Nachlässen fragen, ohne schief angeschaut zu werden. Zumindest theoretisch. In manchen Geschäften tut man das aber einfach nicht. Oder würden Sie beim Italiener den Preis für Ihr Tiramisu runter handeln, bei C&A einen Nachlass auf das neue Sakko einfordern oder den Losbudenbesitzer auf dem Jahrmarkt fragen, ob Sie nicht fünf Lose zum Preis von vier bekommen könnten? 95 Prozent von Ihnen antworten jetzt mit einem klaren Nein. Richtig so. Die restlichen fünf Prozent fangen das Buch jetzt bitte nochmal von vorne an.

Nun gebe ich zu, dass ein Elektro-Fachmarkt, in dem mit Stereoanlagen, Spielekonsolen und Notebooks gehandelt wird, ein Ort ist, an dem man durchaus mal nach einem Rabatt fragt oder, aus meiner Sicht, danach gefragt wird. Warum nicht zur Maus noch ein Gratis-Mauspad kriegen oder nach einer günstigen Kameratasche für die neue Digitalkamera lechzen? Fragen kostet schließlich nichts.

Prinzipiell handle ich in diesen Situationen nach dem Motto *„Wenn was geht, geht's auch"*. Preiskalkulation ist schließlich kein Hexenwerk und wenn ich es verantworten kann, dem Kunden zu seinem Notebook eine sechs Euro teure Maus gratis dazu zu geben, dann tue ich das auch, wenn er höflich fragt. Kundenbindung sollte einem Geschäft in der heutigen Zeit doch durchaus ein paar Euro wert sein, ehe man die zahlende Klientel an den oftmals günstigeren Internethandel verliert. Wie aber schon an anderer Stelle erwähnt, macht auch bei mir der Ton die Musik. Einer höflichen Frage kann ich meist zumindest den Versuch nicht abschlagen, nachzurechnen, ob da noch was „*drin*" ist. Etwas anders reagiere ich aber bei Sätzen wie

> „*Ich hab scho zwaa Fernseher und a Waschmaschina bei euch kaaft, do geht freilich nu was!*".

Denken Sie sich an dieser Stelle einfach das Geräusch vom "*Zonk*" aus "*Geh aufs Ganze*", diese wunderbar verzerrte Fanfare, die einst von Klaus-Peter Sattler komponiert wurde. Googlen Sie einfach mal „*Zonk Jingle*", wenn Sie das Original-Geräusch hören wollen.

> „*Döööööooouuuhhh!!*"

Ich bin ganz ehrlich, ich mag solche Selbstverständlichkeiten nicht – Menschen, die fest davon überzeugt sind, dass wir ohnehin jeden Tag zweihundert Prozent Gewinn machen, abends mit einer Provision aus dem Laden gehen, die unsere Monatsmiete finanziert, und wir ihnen nur aus purer Geldgeilheit kein kleines Extra spendieren wollen. Und darüber hinaus – wirklich – hat es keinen Einfluss auf meine Freigiebigkeit, wenn mir ein Kunde erzählt, wie viele Gerätschaften er vorher schon in unserem Markt eingekauft hat. Gehen Sie in den Supermarkt und fragen nach Rabatt für ihre 250 Gramm Aufschnitt, weil sie die ja schon mindestens 40mal in diesem Jahr gekauft haben? Wer jetzt mit *„Ja klar"* geantwortet hat - Sie ahnen es - fängt das Buch bitte nochmal von vorne an.

Die Gewährung eines Rabatts oder einer Dreingabe im kaufmännischen Sinn liegt letzten Endes immer im Ermessen des jeweiligen Mitarbeiters. Und der entscheidet in aller Regel, neben kalkulatorischen Faktoren, primär nach Sympathie. Sie kennen den Spruch *„Das ist kein Beliebtheits-Wettbewerb!"*? Doch, ist es.

Ich wurde eines Tages auf einen Kunden aufmerksam, der interessiert vor einem Notebook stand und sich das Gerät in aller Ausführlichkeit betrachtete. Es handelte sich um ein Ausstellungsstück, also ein Gerät, das wir im Preis reduziert hatten, weil es zu Anschauungszwecken ausgepackt und angeschlossen wurde. Statt 859 Euro wollten wir nur noch 729 Euro für das schmucke Teil haben, natürlich inklusive komplettem Zubehör und voller Garantie. Der Kunde beäugte das Gerät zufrieden, wandte sich mir zu und meinte

„Also, wenn Sie am Preis noch ein bisschen was machen könnten, dann nehm' ich's sofort mit!".

Nun ist man als Angestellter in einer PC-Abteilung immer froh, wenn ein Kunde mit einem Ausstellungsstück liebäugelt, wird so doch wieder ein Platz frei für eines der vielen neuen Geräte, die sich im Lager schon palettenweise stapeln. Aber in der Regel sind die Ausstellerpreise nun mal schon so angepasst, dass wir an diesem letzten Gerät in der Regel nichts mehr verdienen und es nur noch loshaben wollen. Auf diesen Umstand habe ich den Kunden auch aufmerksam gemacht, nicht aber ohne ein bisschen auszuloten. *„Was haben Sie sich denn preislich vorgestellt?"*, fragte ich und bekam wie selbstverständlich zur Antwort:

„Ja, wenn Sie noch 'nen Hunderter runter gehen..."

„Döööööooouuuhhh!!"

Noch einmal hundert Euro Nachlass auf ein Ausstellungsstück, das ohnehin schon reduziert ist? Oder lieber doch Tor 2? Offenbar ließ sich mein Erstaunen an meinen entgleisten Gesichtszügen ablesen und so schob der Kunde noch ein:

„Naja, ich kenn' mich ja auch ein bisschen aus. Sie haben da ja eine große Spanne drauf. Das Gerät kostet Sie doch im Einkauf maximal 450 Euro!"

Und er hat den Zonk gefunden...!

Ich darf Ihnen an dieser Stelle verraten, was das Gerät tatsächlich im Einkauf kostete: Es waren ziemlich genau 670 Euro. Das ist – Sie werden es, pfiffig wie Sie sind, gemerkt haben – meilenweit entfernt von *„maximal 450 Euro"*. Bei *„Der Preis ist heiß"* hätte der Mann also gnadenlos versagt und souverän überboten. Wir gehen jetzt aber mal weg von den Gameshows, ich sehe vor meinem geistigen Auge schon Slim-Fast-Werbespots mit Harry Wijnvoord! Machen wir stattdessen ein wenig vereinfachte Preiskalkulation am Beispiel unserer Notebooks, wie wär's?

Regulärer Verkaufspreis	859,- EUR
Einkaufspreis v. Steuern	670,- EUR
Kalkulation:	
Einkaufspreis v. Steuern	670,- EUR
+ Mehrwertsteuer 19 % =	797,30 EUR
Regulärer Verkaufspreis	859,- EUR
- Brutto-Einkaufspreis	797,30 EUR
= Rohertrag	61,70 EUR

Juhu, wir haben gerade Gewinn erwirtschaftet. Mit dem regulären Verkaufspreis von 859 Euro verdienen wir nämlich rund 62 Euro an diesem Gerät. Rein rechnerisch ist das ein Aufschlag, respektive eine Gewinnspanne, von gerade einmal 7,7 Prozent. Ein lächerlicher Wert, wenn Sie sich überlegen, dass da jetzt solche Scherze wie Personalkosten, Miete und die Aufwendungen für psychologische und seelsorgerische Betreuung nach dem letzten verkaufsoffenen Sonntag noch nicht einmal abgezogen sind. Rechnen wir das Ganze jetzt aber nochmal mit dem Verkaufspreis des Ausstellungsstücks von 729 Euro.

Reduzierter Verkaufspreis	729,- EUR
Einkaufspreis v. Steuern	670,- EUR
Kalkulation:	
Einkaufspreis v. Steuern	670,- EUR
+ Mehrwertsteuer 19 % =	797,30 EUR
Reduzierter Verkaufspreis	729,- EUR
- Brutto-Einkaufspreis	797,30 EUR
= Rohertrag	- 68,30 EUR

Oh! Wir haben uns also bewusst dazu entschieden, dieses Gerät mit einem Verlust von fast 70 Euro zu verkaufen, um das letzte Exemplar loszuwerden. Bekloppt, oder? Jetzt ahnen Sie, wie viele neue Modelle sich bereits im Lager stauten. Unser Lagerist Heiko benötigte schon eine Hebebühne, um die Kartons zu stapeln. Aber was will ich Ihnen mit der ganzen Rechnerei jetzt sagen? Natürlich nehmen wir gerne mal einen Verlust in Kauf, um ein Gerät loszuwerden, das vielleicht nicht mehr taufrisch ist. Davon profitieren wir, wenn auch nicht im Wortsinn, und davon profitiert der Kunde. Aber es ist eine Kunst für sich, diesen schmalen Grat zu finden, auf dem beide, der Kunde und unsere Finanz-Buchhaltung, noch halbwegs zufrieden nicken.

Ich hatte in diesem Moment leider kein Peter-Zwegat-Flipchart zur Hand, dennoch konnte ich auch diesem preisbewussten Herrn glaubhaft versichern, dass da im Preis nichts mehr machbar ist. Er druckste noch etwas herum, ich zeigte ihm nochmal, was das Notebook alles auf dem Kasten hat und schließlich kaufte er das Gerät zum ausgeschriebenen Preis. Am Ende verabschiedete er sich mit einem Lächeln und den Worten *"Ich wollt's halt mal probiert haben!"*. Warum auch nicht, fragen kostet ja nichts - noch.

Im Übrigen sind nicht nur viele Notebooks so knapp kalkuliert, ähnlich enge Preisspannen sind auch und vor Allem bei Druckerpatronen zu finden. Die gelten in dieser Branche als durchlaufender Posten mit Gewinnen im Cent-Bereich. Sollten Sie also wirklich einmal auf die Idee kommen, einen meiner Kollegen zu fragen, ob es auf Ihre Hewlett-Packard-Patrone vielleicht noch einen Rabatt geben könnte, tun Sie sich selbst einen Gefallen und rennen Sie um ihr Leben! Am meisten verdienen wir übrigens an... nein, das verrate ich Ihnen nicht. Aber gehen Sie doch mal mit offenen Augen durchs Leben und schauen Sie mal, bei welchen Artikeln Sie in unterschiedlichen Geschäften die größten Preissprünge finden. Kleiner Tipp: Sie sind lang, flexibel und es gibt sie in Tausenden Varianten. Nein, ich meine nicht Nudeln!!

Klugscheißer-Wissen: *2017 gab es eine Neuauflage von „Der Preis ist heiß", moderiert von Wolfram Kons und Thorsten Schorn. Trotz ordentlicher Quoten gibt es aktuell keine Pläne für eine weitere Staffel.*

Die Anrede – Wie man in den Wald ruft...

Sie gehören zweifellos nicht zu den Menschen, die in einen Laden gehen und von vornherein der Meinung sind, dass die Person, die Sie bedient, Ihnen sozial oder intellektuell unterlegen ist. Denn sonst hätten Sie sich niemals die Blöße gegeben, ein solches Buch zu kaufen. Nein, Sie sind ein Mensch, der weiß, dass er auf die Informationen und das Fachwissen seines Gegenübers angewiesen ist, um letztlich das Produkt zu finden, das er sucht. Ja, ich gebe zu, ich rede mir das selbst gerade ein bisschen ein. Leider sehen das nicht alle Menschen so und die Tatsache, dass wir in unserem Beruf oftmals in nicht immer sehr kleidsamer Einheitstracht umher laufen, macht diesen Umstand nicht besser. Ja, das stimmt, die Optik der Firmenkleidung kann beeinflussen, wie der Kunde mit mir umgeht. Glauben Sie das ruhig, ist so!

Dabei ist die Art und Weise, wie mich ein Kunde anspricht, richtungsweisend für den weiteren Verlauf des Gesprächs. Da gibt es durchaus sehr vorbildliche Kunden, zu denen Sie, entsprechend der eben geäußerten Theorie, hoffentlich auch gehören. Sie gehen auf einen Fachberater zu, grüßen ihn freundlich und beginnen etwa mit

„Guten Tag, ich hätte da eine Frage." oder
„Entschuldigung, können Sie mir weiterhelfen?".

Das machen Sie natürlich nur, wenn Ihnen der entsprechende Mitarbeiter nicht gemäß dem Lehrbuch schon zuvor gekommen ist und Sie nicht seinerseits angesprochen hat. Dann gibt es aber auch andere Arten der Kontaktaufnahme, die weniger glücklich gewählt sind…

1.) Einfaches, wortloses Winken

Kein *„Hallo"*, kein *„Guten Tag"*. Dieser Kunde sucht gar nicht erst die Nähe zu mir und entscheidet sich stattdessen dazu, aus einer Entfernung von rund zehn bis 15 Metern, meist über mehrere Regalreihen oder gar Abteilungen hinweg, engagiert zu winken. Er ist der festen Überzeugung, dass ich ihn sehen muss, schließlich sieht er mich ja auch. Warum aber winkt er? Nun, manchmal handelt es sich um Personen, die der deutschen Sprache nicht oder nur ansatzweise mächtig sind. Ein motiviertes Luftpaddeln macht da zweifellos mehr her, als sich gleich bei der Begrüßung zu verhaspeln. Oftmals sind es aber auch Kunden, die einfach nur froh sind, den Artikel gefunden zu haben, den sie seit zwanzig Minuten im ganzen Laden gesucht haben, nun aber noch eine Frage dazu hätten. Diese Kunden würden den Artikel vermutlich nie wieder finden, würden sie sich jetzt auf die Suche nach einem Fachberater begeben. Dass der Fachberater sie dann im Zweifelsfall mühelos wieder zu dem Artikel führen könnte, lassen diese Kunden bei ihrer Überlegung leider außer Acht. Winke, winke.

2.) Das Kind schicken

Bloßes Winken sorgt auf Dauer für Schmerzen und Verspannungen im Schulter- und Rückenbereich. Ich weiß das, meine Freundin ist Ärztin. Ja, auch ein Einzelhändler kann eine Ärztin kriegen, da sind Sie platt, was? Aber zurück zum Thema. Wer des Winkens müde wird, schickt gerne mal sein fünf- bis vierzehnjähriges Kind los, um den nächsten Fachberater zu holen. Die Kontaktaufnahme findet dann meist mit den Worten *„Können Sie mal mitkommen?"* statt, woraufhin mich der engagierte Abkömmling zum wartenden Elternteil lotst. Auch diese Form der Kontaktaufnahme wird von nichtdeutschstämmigen Mitmenschen bevorzugt eingesetzt, jedoch auch gerne mal von besonders *„selbstüberzeugten"* Männern, die anstatt eines Kindes einfach die Freundin losschicken. *„Geh mal einen holen, Schatz!"* - gerade bei solchen Männern ist das wohl ein universell verwendbarer Satz.

3.) „Hallo!" brüllen

Wird meist in Kombination mit einer Winkbewegung eingesetzt und gilt somit als Variante der erstgenannten Kontaktaufnahme. Das laute Brüllen des Wortes *„Hal-*

lo!" erhöht zwar die Chancen, von mir oder einem Kollegen wahrgenommen zu werden, ist aber nicht unbedingt förderlich für die Laune des Fachberaters. Wirklich nicht! Mittlerweile neige ich an besonders *"guten"* Tagen dazu, den Gruß einfach zu erwidern und ebenfalls zurück zu winken. *"Huhuuuu!"*

4.) Niedere Anrede

Diese Kontaktaufnahme wird zumeist von männlichen Vertretern des Handwerks gewählt, die sich nicht scheuen, mit dem verdreckten Blaumann in den Fachmarkt zu kommen. Wenn Sie jetzt an meinen Freund von der Tankstelle denken, haben Sie das Prinzip verstanden. Die Form der Kontaktaufnahme findet meist ebenfalls über mehrere Regalreihen hinweg statt und kennzeichnet sich durch das sehr laute Rufen von Sätzen wie *„Meister, geh' mal her, ich hab 'ne Frage!"*, *„Chef, ich bräucht' sie mal!"* oder *„Kappo, geh' mal her!"* - was besonders in tiefstem Fränkisch ein echter Ohrenschmaus ist, glauben Sie mir. Genossen aus meist osteuropäischen Nachbarländern neigen auch gerne einmal zu einem *„He, Kollega!"* - kurzzeitig fragt man sich da schon, ob nicht gerade ein chinesischer Mitbürger ein Pflegemittel für seine Dritten sucht.

„He, hallo, ich hätte gelne eine Gloßpackung Collega Tabs!".

Gut, ich gebe zu, der Gag war schon wieder schlecht…

5.) Antäuschen

Sehr gern gesehen – nicht! Der Kunde läuft auf den Infopunkt zu und sobald er den Augenkontakt zu einem Fachberater hergestellt hat, deutet er wortlos mit dem Zeigefinger an, dass dieser doch bitte mal mitkommen möchte und dreht sofort um. Besonders spannend wird die Situation, wenn der betreffende Berater, beispielsweise aus der TV-Abteilung, dem Kunden erst einmal hinterher rennen muss, um ihm mitzuteilen, dass er doch von den Haarschneidern leider so gar keine Ahnung hätte. Gott, ich würde mir wünschen, meine Freundin würde das mit dem Zeigefinger auch mal so machen. Also… zuhause.

6.) Wildes Gestikulieren, lautes in die Hände klatschen und laut brüllen

Sie denken, ich übertreibe? Keineswegs. Das ist tatsächlich passiert. Der Mann hob die Arme, klatschte laut in die Hände und brüllte über eine Distanz von zehn Metern

„Ich will eine Kamera!".

Für so ein Verhalten erntet der Kunde von mir nur eine Reaktion: Bewusste, vollständige Ignoranz. Sorry, aber irgendwo hört es einfach auf!

7.) Unvollständige oder grammatikalisch falsche Anrede

Zweifellos die häufigste Form der unglücklichen Kontaktaufnahme und ebenso zweifellos auch die Amüsanteste. Diese Form der Anrede zeichnet sich durch grammatikalisch unsinnige oder unvollständige Satzkonstruktionen aus, die allerdings immerhin auf eine bemüht freundliche Kontaktaufnahme schließen lassen. Beispiele:

„Ich bräuchte eine Farbpatrone..."

Wer nicht grüßt, ist ein Stoffel. Vergessen? Ich verpetz' Sie gleich bei meiner Oma. Ne, noch besser: bei *Ihrer*!

„Sie werden sich da auch nicht auskennen, aber..."

Öhm, hallo? Ich arbeite hier, verdammt!

„Entschuldigung, machen Sie Rasierer?"

„Nein, ich verkaufe sie nur."

Diese Antwort hat ein Kollege tatsächlich mal gebracht.

„Sind sie frei?"

„Also eigentlich bin ich vergeben!"

Diese Antwort habe *ich* mal gebracht... die Kundin zeigte mir darauf unter großem Bedauern ihren Ehering und sagte *„Ich auch!"*- kein Witz!

„Hallo, ich hätte eine Frage: Notebooks!"

Ein Klassiker: die Frage, die keine Frage ist. Manche Kollegen neigen an dieser Stelle dazu, nach der ausgebliebenen Frage zu fragen. Wirklich.

„Entschuldigung, sind Sie Computer?"

Erwarten Sie dazu jetzt einen Kommentar? Ja? Also schön, fürs Protokoll: Ich bin kein Computer!

Interessant ist, dass es tatsächlich die augenscheinlich sozial besser gestellten Personen sind, die unsereins halbwegs anständig begrüßen und offenbar auch ernst nehmen, während das gemeine Proletariat seine Schwierigkeiten damit hat. Manch einer hätte geglaubt, es wäre umgekehrt, stimmt`s?

Letztendlich tun Sie jedem engagierten Fachberater oder Einzelhändler einen großen Gefallen, wenn Sie ihn mit ein klein wenig Respekt anreden. Das soll jetzt nicht oberlehrerhaft klingen und letztendlich können Sie machen, was Sie wollen – aber es vereinfacht den Umgang miteinander. Wer dabei noch schnell auf das Namensschild spitzt und den Dialog mit *„Guten Tag Herr Kühn-*

lein" beginnt, hat eigentlich schon gewonnen und darf am Ende auch guten Gewissens nach der Gratis-Maus fragen. Ob Sie es glauben oder nicht, aber genauso gern, wie Sie einen Laden verlassen und sich denken *„Boah, der war jetzt aber nett"*, genauso gerne denken wir nach einem Kundengespräch *„Mensch, der war jetzt aber freundlich zu mir."* Und das ist doch was Schönes, oder? Natürlich gehe ich in meinen Ausführungen von Kollegen aus, die ihren Job gut machen, freundlich und zuvorkommend sind und deshalb eine anständige Begrüßung auch verdient haben. Wenn Sie sich allerdings schon immer von Ihrer Fleischereifachverkäuferin – richtig, Verkäuferin, der geschulte Leser weiß Bescheid – genervt fühlten, können sie auch gerne zu ihr gehen und sie ganz unschuldig fragen *„'Tschuldigung, sind sie Fleischwurst?"*

Klugscheißer-Wissen: Für die Schreib- und Gestaltungsregeln im Schriftverkehr gibt es in Deutschland eine Norm, die DIN 5008. Demnach beginnt die Anrede in einem geschäftlichen Anschreiben stets unter der Fluchtlinie. Den nachfolgenden Text müssen Sie mit einer Leerzeile abtrennen. Vor der Anrede steht in der Regel der Betreff. Nach der Betreffzeile müssen Sie laut DIN 5008 zwei Leerzeilen setzen. Die DIN 5008 macht allerdings keine Angaben, wie Sie die Anrede formulieren sollen. Dabei wäre das für viele das Wichtigste.

Echt jetzt, wirklich! Ich denk mir doch sowas nicht aus!

Obergrenzen

Es war ein langer und anstrengender Tag. Sieben Stunden saß ich im Auto, als ich um halb fünf nachmittags endlich zuhause ankam. Ich hatte mich kurzfristig dazu entschieden, an meinem freien Wochenende zusätzlich noch ein paar Überstunden abzufeiern und die Gelegenheit zu nutzen, von Samstag bis Montag meine beste Freundin zu besuchen. Die Heimfahrt meines Wochenendes gestaltete sich dann aufgrund zweier absurd langer, durch verlassen wirkende Baustellen verursachter Staus zu einer Geduldsprobe. Aus gut dreieinhalb Stunden Fahrzeit wurde nun also nahezu das Doppelte. Entsprechend ausgelaugt kam ich zuhause an.

Nach einer kurzen Ruhephase wagte ich einen Blick in den Kühlschrank und stellte fest, dass ich vielleicht noch ein, zwei Utensilien für das angedachte, einfache Abendessen benötigen würde. Ich beschloss also, aller Erschöpfung zum Trotz, mich nochmal aufzuraffen und die paar Kilometer zum nächsten Supermarkt zurückzulegen. Ein Blick in den bewölkten Himmel mit anschließender Verifizierung durch die Wetter-App meines Smartphones ließ mich den Plan schmieden, diese vergleichsweise kurze Strecke mit dem Fahrrad zurückzulegen – im Auto war ich heute schon lange genug gesessen und die Wetter-App bestätigte meine Vermutung, dass die ersten Regenschauer erst morgen kommen sollten. Ich zog mich also an, packte noch schnell den Stoffbeutel mit den acht oder neun leergetrunkenen Pfandflaschen in meiner Küche, warf ihn in den Korb auf dem Gepäckträger meines Trekkingrads und radelte los. Auf der Fahrt sagte ich mir immer und immer wieder die vier Dinge vor, die ich kaufen wollte: Frischkäse, zwei Brötchen, etwas zu Trinken und einen Pack Batterien. Letzteren benötigte ich natürlich nicht fürs Essen, sondern für den Einsatz in meiner batteriebetriebenen Funkuhr im Wohnzimmer, der in meiner Abwesenheit übers Wochenende der Saft ausging. Und ehe Sie fragen: Nein, Männer schreiben keine Liste, Männer merken sich das.

Nach etwa fünfzehn Minuten kam ich bei meinem Stammsupermarkt an. Ich parkte mein Zweirad, schloss es ab und ging mit meinem Einkaufsbeutel voller Leergut in den Markt. Bereits als ich den Fuß durch die zweite Schiebetür setzte, erspähte ich die Katastrophe. Eine Dame mittleren Alters, gekleidet mit einem Strickpulli, einem unvorteilhaften, altbackenen Rock und dicken Socken in ihren Pantoffeln, stand mit einem Einkaufswagen vor dem einzigen Leergutautomaten des Hauses. Im Wagen standen drei bis über die Oberkante gefüllte, große IKEA-Einkaufstaschen mit leeren Flaschen und Dosen. Grob überschlagen würde ich die

Anzahl der Leergutstücke auf etwa 130 Exemplare schätzen.

Mit einem entnervten Gesichtsausdruck und meinem kleinen Einkaufsbeutel in der Hand stellte ich mich hinter die Dame und versuchte bemüht geduldig auszusehen, während sie mit stoischer Ruhe eine Flasche nach der anderen aus den Tüten hob und behutsam in die Röhre des Automaten schob. Meine Fingernägel krallten sich bei jeder einzelnen Flasche, die sie erst wieder in ihre Ursprungsform zurechtdrücken musste, tiefer in die Innenflächen meiner Hände und es verwunderte mich, dass mein Zähneknirschen von niemandem außer mir selbst wahrgenommen wurde.

Ein adrett gekleideter Herr im Sakko und blauen Hemd stand mittlerweile hinter mir in der Schlange. In seinem Einkaufswagen lag ein Plastikkorb mit einigen leeren Flaschen. Es waren keinesfalls mehr Flaschen, aber wohl auch nicht wirklich weniger, als sich in meiner Tasche befanden. So kam ich zumindest nicht in die Verlegenheit, darüber nachzudenken, den Mann auch noch vorzulassen. Herrje, ich bin einfach zu gut erzogen. Der Herr, der wohl gerade Feierabend hatte und aus dem Büro kam, beäugte die Dame vor mir ebenfalls sehr kritisch, drückte dann kurz auf seinem Smartphone herum und schaute mich grinsend an.

„Kein gutes Timing heute, hm?", fragte er.
„Eigentlich wie immer", sagte ich gequält freundlich.

Er nickte zustimmend.

Die Dame vor uns schob zwei weitere Flaschen nervtötend langsam in den Automaten. Der freundliche Mann hinter mir sprach mich erneut lächelnd an.

„Sie kennen ja bestimmt das Zitat… ‚Herr, gib mir die Gelassenheit, Dinge hinzunehmen, die ich nicht ändern kann, den Mut, Dinge zu ändern, die ich ändern kann,' …

„… und die Weisheit, das Eine vom Anderen zu unterscheiden'", ergänzte ich. Wir verstanden uns.

„Eigentlich müsste es für solche Automaten Obergrenzen geben. Eine maximale Anzahl von Flaschen, die dem Automaten von einem einzelnen Kunden zugeführt werden dürfte", sagte ich zu ihm.

Doch noch ehe ich den Satz zu Ende sprach, wurde mir die ungeplante politische Brisanz dieser Formulierung bewusst und ich wiegelte gleich mit einer hektischen Handbewegung ab, als ob ich den Satz am liebsten gar nicht erst gesagt hätte. Der Mann lachte.

„Es wird ohnehin schon viel zu viel über Obergrenzen diskutiert, da kommt's auf die eine auch nicht mehr an", sagte er beschwichtigend.

Es dauerte weitere qualvolle acht Minuten, bis die fragwürdig angezogene Frau endlich auch die letzte Flasche aus ihrem Einkaufswagen in den Pfandautomaten schob. Sie prüfte die Taschen mit einem letzten Blick und drückte dann auf den grünen Knopf für den Bondruck. Der Automat ratterte kurz und der Leergutbeleg mit einem Guthaben von ungelogen 24,75 Euro kam heraus. Sie riss den Bon ab und ging mit dem leeren Wagen an uns vorbei, ohne auch nur einen von uns anzusehen. Ja, schäm dich, Weib.

Ich ging einen Schritt nach vorne, angefeuert von einem ehrlich gemeinten *„Auf, auf!"* meines Hintermannes. Ich griff die erste leere Pfandflasche, wollte sie mit dem Strichcode nach oben und dem Boden voran in die Röhre des Automaten schieben und blickte fassungslos auf das Display des Geräts.

„Container voll. Bitte rufen Sie einen Mitarbeiter."

Mein Kopf sackte nach unten und mit einem Lachen der Verzweiflung murmelte ich *„Das war sooo klar!"*

„Ach nee, oder?", kam es von hinten, *„Sie haben heute echt einen Lauf, was?"*.

„Sie haben ja keine Ahnung!", antwortete ich, den Blick weiterhin auf das Display gerichtet.

Ich drückte die Servicetaste. Es dauerte weitere zwei Minuten, bis wir hinter dem Leergutautomaten einen Mitarbeiter rascheln hörten. Die Fehlermeldung auf dem Display des Geräts verschwand und ein grüner Haken symbolisierte, dass ich endlich loslegen konnte. Ich schmiss meine acht Pfandflaschen im Eiltempo in die Maschine, zog meinen Bon und verabschiedete mich freundlich vom netten Herrn hinter mir. Anschließend eilte ich durch den Markt, sammelte meine vier Produkte ein und zahlte an der Kasse. Als ich im Stechschritt den Markt verließ und mein Fahrrad besteigen wollte, konnte ich meinen Augen kaum trauen. Auf meinen Brillengläsern tummelten sich einzelne Tröpfchen. Nur Sekunden später begann es zu regnen. Das durfte doch einfach nicht wahr sein!

Im Eiltempo radelte ich über die Fahrradwege des Ortes und das dicht befahrene Ortszentrum zurück zu meiner Wohnung und sperrte hastig die Türe auf. Oben angekommen zog ich gleich das nasse Sweatshirt aus und packte die eingekauften Artikel aus der Tasche auf die Arbeitsplatte der Küche: den Frischkäse, die beiden Brötchen, eine Flasche mit Kirscharoma versetztes Mineralwasser und… eine 5er-Packung KitKat.

Scheiße nochmal, die Batterien…!

Klugscheißer-Wissen: Die meisten aktuellen Leergutautomaten in Supermärkten benötigen einen aktiven Internetanschluss, um Daten mit den Pfandverrechnungsstellen auszutauschen und ggf. Daten über neue Flaschen zu erhalten. Ein moderner Leergutautomat kostet im Schnitt 25.000 Euro. Ne Menge Geld, wenn man bedenkt, dass er nur mit Flaschen arbeitet.

Kurz vor Acht -
Die Dreistigkeit des Seins

Seitdem die Ladenöffnungszeiten von jedem Ladenbesitzer sehr flexibel geregelt werden können, hat sich im Einzelhandel der Schichtbetrieb etabliert. Es wird nicht mehr wie früher einfach nur von neun bis 18 Uhr gearbeitet, nein, moderne Supermärkte oder Baumärkte machen auch gerne mal von sieben bis 20 Uhr die Türen auf. Früher gab es das nicht. Da hat der Bäcker um halb acht aufgemacht und um 12 Uhr erst einmal für zwei Stunden wieder geschlossen. Mittagspause. Und niemand hat sich drüber beschwert. Meine Oma schlägt heute noch die Hände über dem Kopf zusammen, wenn ich ihr erkläre, dass ich am Samstag von 12 bis 20 Uhr arbeiten müsse.

„Am Samsdooch musst du bis Achter erberrn?
Heiiiilichers Gott!"

Simultan für Sie übersetzt etwa:

"Sonnabends musst du bis 20 Uhr deine Arbeit verrichten? Grundgütiger!"

Im Elektro-Fachmarkt, in dem ich arbeite, sind die Öffnungszeiten trotz allem noch vergleichsweise human. Zwar geht es auch hier abends bis 20 Uhr, allein um konkurrenzfähig zu bleiben, früh startet man aber doch erst um neun Uhr, was vor Allem für einen Frühaufsteher wie mich eine sehr humane Zeit ist. Von der Ladenöffnung bis zum Ladenschluss bleiben dem gemeinen Kunden somit also ganze elf Stunden Zeit, sich entweder mit Unterhaltungselektronik oder Kabeln - nicht Nudeln! - en gros einzudecken oder zu beschließen, doch erst am nächsten Tag noch einmal rein zu schauen. Aber es gibt leider auch Kunden, die eine so enorme Dreistigkeit an den Tag legen, wie ich sie aufgrund meiner guten Erziehung niemals wagen würde.

Für gewöhnlich schalten wir um dreiviertel acht, also 15 Minuten vor Geschäftsschluss, langsam die Geräte in der Abteilung aus, fahren die Schau-Computer und die Monitore nach und nach runter und laufen noch einmal durch die Regale, um zu sehen, ob alles noch an seinem Platz steht. Und, Konsumgesellschaft hin oder her, Sie müssen auch Menschen wie uns, Kaufleuten, Fachberatern oder Einzelhändlern, einen halbwegs pünktlichen Feierabend gönnen. Wäre es mir egal, wann ich abends heimkomme, wäre ich Gebühreneintreiber bei der GEZ oder Arzt geworden. Wobei selbst meine Freundin immer halbwegs pünktlich aus dem Krankenhaus kommt.

Stellen Sie sich nun also vor, es ist 19.57 Uhr und die gesamte Belegschaft des Marktes bereitet sich auf den Feierabend vor. Der Mitarbeiter, der Schließdienst hat, steht mit dem Schlüssel schon am Rolltor und plötzlich schießen noch fünf Jugendliche, ein Ehepaar mit Einkaufswagen oder drei Kids mit ihren genervten Eltern in den Markt. Das ist kein Sonderfall, lieber Leser, das ist die Regel. Jeden Abend, ein ums andere mal. Denn Frechheit siegt ja bekanntlich und wer drin ist, muss schließlich erst wieder raus, bevor der Laden zu machen kann.

Sobald sie drin sind, fahren diese speziellen Kunden ihre Geh-Schwindigkeit – muahahaha! – auf gefühltes Zeitlupentempo herunter und lassen sich alle Zeit der Welt. In dieser Situation drehe ich mich gerne einmal um die eigene Achse, um zu bestaunen, wie sich die Kollegen an den umliegenden Infopunkten die Haare raufen oder – falls kein Haupthaar mehr vorhanden ist - anfangen, deutlich hörbar zu schimpfen. Wissen Sie, ich habe grundsätzlich Verständnis dafür, dass man als Kunde unmittelbar vor Ladenschluss noch schnell rein will, solange man weiß, wonach man sucht. Alles kein Problem. Der Kunde kommt rein, holt sich schnell noch die dringend benötigte Druckerpatrone und ist dann meist schneller wieder zur Tür raus als die Kollegen beim Ausstempeln. Es gibt aber auch Kunden – und die sind leider in der Überzahl – die in dieser Situation noch einmal ganz entspannt durch alle Abteilungen schlendern und schauen, ob es nicht doch noch irgendwo ein Schnäppchen gibt, das von unseren Putzfrauen sonst über Nacht eingesackt werden würde und morgen bei Ladenöffnung um 9 Uhr weg sein könnte. Sie bemerken den Sarkasmus?

Nun, rausschmeißen dürfen wir solche Kunden natürlich nicht. Die würden nie wieder kommen. Und abgesehen vom „*Dürfen*" *wollen* wir das natürlich auch nicht. Aber es gibt subtile Mittel, wie man solchen Menschen klar machen kann, dass jetzt eigentlich Schicht im Schacht ist und sie doch bitte lieber morgen früh wieder kommen sollten. Ein dezent formuliertes „*Kann ich Ihnen noch irgendwie helfen *hust*?*" ist da noch das einfachste Signal. Aber nein, unsere Mitarbeiter vom Schließdienst neigen dann auch gerne mal dazu, dass Rolltor schon mal bis auf 1,5 Meter über dem Boden runter zu fahren, das Licht im Laden um die Hälfte zu dimmen oder ganz subtil den Strom von sämtlichen Fernsehern, Computern und Stereoanlagen abzudrehen. Sie können sich vorstellen, dass es dann in so einem Markt schlagartig dunkler und leiser wird, darüber hinaus gibt es nichts Irritierenderes für Sie als Kunde, wenn der Fernseher, den Sie sich grad ansehen, plötzlich vor Ihren Augen aus geht.

Der Witz daran? In den meisten Fällen bringt es rein gar nichts. Manche Kunden zeigen sich sogar gänzlich überrascht davon, dass unser Markt um 20 Uhr schließt und begeben sich dann relativ kleinlaut zum Ausgang.

„*Sie machen schon zu?*"

„*Nein, wir müssen nur kurz den Teppich umdrehen!*"

Zwischenzeitlich habe ich eine Theorie entwickelt, warum manche Kunden völlig entgeistert gen Ausgang schlendern, wenn wir ihnen offenbaren, um 20 Uhr den Laden dicht zu machen. Carina, seit unserer gemeinsamen Zeit auf der Berufsoberschule meine beste Freundin, rief mich vor kurzem an, um ein wenig zu plaudern. Sie studiert seit einigen Monaten in Jena, dementsprechend selten bekomme ich sie leider nur noch zu Gesicht. Als wir also auf dem besten Weg waren, uns wieder einmal hemmungslos zu verquatschen, wies sie mich darauf hin, dass sie jetzt noch schnell einkaufen gehen müsse – um 21.32 Uhr abends. Auf mein Erstaunen folgte der Satz

„Tobi, ich bin hier im Osten, da haben die Läden so lange offen!".

Ich gebe zu, das war mir völlig neu. Ich wusste nicht, dass der Soli auch *sowas* kann! Bei der nächsten Spätschicht um kurz vor 20 Uhr plane ich, durch den Markt zu laufen und eine empirische Erhebung über den Dialekt der zu diesem Zeitpunkt anwesenden Kunden durchzuführen. Vielleicht erkenne ich ein Muster...

Bis 20 Uhr zu arbeiten macht besonders dann viel Spaß, wenn unser stellvertretender Marktleiter Dienst hat. Sie müssen ihn sich als groß gewachsenen Mann mit grau melierten Haaren und einem relativ grimmigen Gesicht vorstellen. Hinzu kommt, dass er gebürtiger Amerikaner ist und deshalb ein etwas holprigeres Deutsch mit einem, wie ich finde, herrlichen amerikanischen Akzent spricht. Sie kennen doch alle Michael Buffer, den amerikanischen Box-Ringsprecher. Tatsächlich kommt er Mr. Dent, meinem stellvertretenden Marktleiter, sowohl optisch als auch akustisch sehr nahe.

Als es eines Abends eine Minute nach acht war und Mr. Dent mit dem Schlüssel im Anschlag neben dem Rolltor stand, schoss tatsächlich ein Jugendlicher an ihm vorbei, rutsche im Limbo-Stil unter dem Rolltor hindurch und wollte in den Markt. Claus Theo Gärtner im Vorspann für *„Ein Fall für zwei"* war ein Scheiß dagegen. Doch unser Mann mit dem Schlüssel unterband das mit einem sehr trockenen und nachdrücklichen *„Wir schließen!"* - mit schönstem USA-Akzent.

„Aber ich muss doch nur..."

„Nein, wir schließen. Kommen Sie morgen wieder. Keine Chance!".

Ganz ehrlich, würden Sie einem groß gewachsenen Mann mit amerikanischem Akzent, der Sie grimmig anguckt, widersprechen? Nein, das würden Sie nicht. Und so tat es auch dieser junge Mann nicht. Er drehte um, verließ das Geschäft und kam am nächsten Tag wieder, deutlich vor 20 Uhr. Frechheit siegt also tatsächlich. Wenn ich Ihnen nun verrate, dass eben dieser stellvertretende Marktleiter mit dem grimmigen Gesicht und dem fiesen US-Akzent einer der nettesten, coolsten und witzigsten Kollegen ist, die ich habe, dann würden Sie mir das vermutlich nicht glauben. Ist aber so. Yes, he can!

Klugscheißer-Wissen: *Die legendäre Rolle unter dem her-unterfahrenden Metalltor machte Joseph Matula alias Claus Theo Gärtner im Vorspann von „Ein Fall für zwei" zwischen 1988 und 1997.*

Bitte ziehen Sie eine Nummer!

Meistens kann man als *„Fachberater"* selbst in einem großen Markt weitgehend die Übersicht über das Geschehen behalten. Wie gesagt, meistens – und unter der Voraussetzung, dass die Regale eine Höhe von 1,60 Meter nicht überschreiten. Gut, für einige Kolleginnen vielleicht nur 1,50 Meter. Nehmen wir aber Ausnahmezustände wie den allwöchentlichen Samstag oder gar einen verkaufsoffenen Sonntag, wird es gerne mal unübersichtlich. Geben Sie es doch zu, auch Sie rennen gerne mal am sonst so heiligen Sonntag, an dem man ruhen sollte, in die nächste Stadt, in der die Läden geöffnet haben. Es ist faszinierend, zuzusehen, wie sich gefühlte dreitausend Kunden an einem Sonntag die Rübe einschlagen für Ware, die es die ganze Woche gibt. Und gerade in Zeiten wie kurz nach dem Jahreswechsel oder im Hochsommer sind die Märkte ja nun alles andere als überlaufen. Wir Fachberater begrüßen Sie da auch unter der Woche mit offenen Armen, nicht dass wir Ihnen grade noch 'nen Cocktail anbieten. Verteilen Sie sich ein bisschen und kommen Sie nicht alle auf einmal, das mögen wir.

Von solchen Ausnahmesituationen abgesehen hat man also aus den Augenwinkeln halbwegs im Blick, wo ein hilfloser Kunde steht und wer als Nächstes einer Beratung bedarf. Wenn es aber voll wird, verliere ich diesen Überblick gerne einmal und stelle mir nach dem Verkaufsgespräch händeringend die Frage, wen ich als nächstes bediene. Den Kunden, der seit zehn Minuten wie ein Rattenschwanz hinter mir herläuft und schon Schnappatmung hat, weil er permanent versucht, sein Anliegen zu formulieren? Blöderweise will der Kunde vor ihm dann doch immer noch irgendwas wissen. Das ist fast wie Columbo:

„Eine Frage hätte ich dann doch noch…!"

Oder entscheide ich mich doch für den Kunden, der seit fast genauso langer Zeit felsenfest an meinem Infopunkt steht und der Meinung ist, dass hier doch auf jeden Fall mal jemand vorbeischauen müsste? Egal, wie man es macht – man macht es in jedem Fall falsch, denn einer von beiden fühlt sich früher oder später verarscht. Es gibt auch für Sie als Kunden kein Patentrezept, letztendlich zählt nur derselbe Ratschlag, den ich Ihnen auch für eine Autogrammjagd geben würde: Versuchen Sie so nahe wie möglich an den Star - also Ihren Fachberater - ranzukommen. Sie warten doch auch nicht an der Bushaltestelle auf Brad Pitt, wenn er eben fünfzig Meter weiter vor einem Kino über den roten Teppich flaniert.

Auch ich habe mich an dieser Hilfestellung orientiert und mich beim letzten verkaufsoffenen Sonntag natürlich erst einmal um den jungen Mann gekümmert, der mir schon die ganze Zeit am Heckspoiler hing. Das Resultat: Er wollte einen Fernseher. Da kann man auch nicht viel mehr tun, als den guten Mann zum nächsten Infopunkt zu delegieren, in der Hoffnung, dass er sich dort genauso verbissen an den Kollegen hängt, wie eben an mich. Blöd für mich, denn der Kunde, der schon seit geraumer Zeit an *meinem* Infopunkt stand, fühlte sich nach dieser Szene schmerzhaft vernachlässigt. Mein motiviertes „*So, jetzt aber, Hallo...*" wurde eiskalt mit einem grimmigen "*Also eigentlich warte ich ja schon länger als der Andere!*" ausgekontert.

Natürlich bin ich dem grimmigen Mann, soweit es anatomisch vertretbar war, in den Hintern gekrochen und habe ihn mit meinem schönsten Sonntagslächeln bedient und mich bei ihm für die lange Wartezeit entschuldigt. Insgeheim dachte ich aber an den Film „*Vier lieben dich*", in dem sich Michael Keaton dreimal klonen lässt, um sein Leben auf die Reihe zu kriegen. Leider ist die Klon-Technologie noch nicht soweit und zerteilen kann ich mich nicht.

Ich hätte die Überwachungsbänder prüfen können, um den Fotobeweis anzufertigen, wer eher da war - doch dann hätte ich mich erst einmal für zwanzig Minuten ins Sicherheitsbüro setzen und auf den Monitor schauen müssen. In dieser Zeit hätten sich dann aber mehr als nur diese zwei Kunden in der Abteilung gefragt, wo denn *„dieser blöde Verkäufer"* geblieben ist. Ich liebe es.

Amüsant wird es, wenn über die Lautsprecher die Durchsage erklingt

> *„Ein Mitarbeiter der Telekom-Abteilung bitte dringend in die Abteilung",*

woraufhin meist ein Fachberater-Arm irgendwo hinter einem Regal hervor schießt und völlig genervt in Richtung Hauptinformation *„Ich bin doch da, verdammt!"* brüllt. Manchmal wäre es wünschenswert, wenn sich die zahlende Kundschaft etwas besser verteilen würde – aber dann gäbe es ja so etwas Schönes wie Stoßzeiten nicht mehr. Schlechter Witz am Rande: Wenn Sie wissen wollen, was Einzelhändler machen, wenn es keinen verkaufsoffenen Sonntag gibt, dann nehmen Sie einfach mal den *„kauf"* aus *„verkaufsoffen"*.

Klugscheißer-Wissen: Die erste Folge von *„Columbo"* unter dem Titel *„Mord nach Rezept"* wurde 1969 von der ARD ausgestrahlt. Die Hauptrolle spielte Peter Falk bis zum Ende der Reihe im Jahr 2003. Bereits 1960 war Columbo erstmals als Figur in einer anderen US-Fernsehshow zu sehen. Damals wurde er von Bert Freed verkörpert.

Ich habe nie auch nur eine einzige Folge von „Columbo" gesehen.

Wenn der Kunde mit dem Verbraucherschutz...

Hatten Sie ernsthaft geglaubt, mein Freund mit der Soundkarte war der *„worst case"* in Sachen Problemkunden? Wie einfältig von Ihnen! Das war ja noch vergleichsweise harmlos, bisweilen sogar unterhaltsam. Aber es gibt Kunden, die versauen sogar einem Menschen wie mir vom Start weg die Arbeitswoche. Ich gebe zu, der Arbeitsplan war ungünstig an diesem Tag. Es war ein Montagmorgen, ich hatte die Frühschicht. Alleine. Die Frühschicht am Montag, das sollte man zunächst wissen, ist eine ganz besondere. Sie ist das, was wir die *„Werbeschicht"* nennen. Denn ab Montag gelten in unserem Markt allwöchentlich die neuen Werbeangebote aus unserem Faltblatt. Das heißt für die - oder *den*! - Mitarbeiter am Montag: Prüfen, ob die neuen Werbeartikel ihren Werbepreis tragen und natürlich prüfen, ob die alten Werbeartikel wieder den Normalpreis tragen. Hab ich etwas vergessen? Ach ja... und natürlich prüfen, ob die Werbeartikel auch alle da sind! Nun, an und für sich ist das Routine. Der übliche Montagmorgen eben.

An diesem Tag allerdings lief eine Kleinigkeit anders. Die Digitalkamera aus dem Faltblatt, zehn Megapixel,

149 Euro, war nicht da. Ein kurzer Rückruf in die WA-WI (Warenwirtschaft) offenbarte Lieferschwierigkeiten, die Kamera würde erst im Lauf des Vormittags angeliefert werdem. Wenn Sie jetzt denken, dass das eine Ausnahmesituation war, die mir den Schweiß auf die Stirn getrieben hat, dann täuschen Sie sich. Ich war die Ruhe selbst. Es passiert immer wieder mal, dass ein Werbeartikel sehr schnell ausverkauft ist oder, wie in diesem Fall, nicht pünktlich zum Aktionszeitraum angeliefert wird. So etwas aber schockt einen Fachberater nicht, denn selbst *wenn* der allererste Kunde, der gleich den Markt betritt, sofort diese eine Kamera aus unserem Faltblatt haben möchte, dann kann ich ihn ja, wie in so einer Situation üblich, darauf hinweisen, dass der Artikel noch nicht eingetroffen ist, wir aber gerne seine Telefonnummer notieren und ihn umgehend informieren, wenn der Artikel verfügbar ist. Das ist eine Standard-Prozedur, die, aus welchen Gründen auch immer, zum Tagesgeschäft gehört. Insofern dachte ich mir nichts Böses, als der erste Kunde um zwölf nach neun – zwölf Sekunden, wohlgemerkt! – auf mich zu stiefelte und sofort nach dem PC aus dem Faltblatt fragte.

Verflucht, der PC!

Vor lauter Telefoniererei wegen der Kamera hatte ich nicht bemerkt, dass auch der angepriesene PC noch nicht eingetroffen war. Oh weh, was für ein Start. Aber wir versuchen ruhig zu bleiben... der Kerl sieht ja ganz vernünftig aus und wird sicher verstehen, wenn ich ihm erkläre, dass der PC noch nicht eingetroffen ist. Ich begann also meine Ausführungen mit den Worten

„Es tut mir leid, der PC aus dem Faltblatt ist im Moment noch nicht eingetroffen, wir rechnen aber..."

„Das müssen Sie nicht akzeptieren! Da gibt es Gesetze!", quakte in diesem Moment eine etwas klein gewachsene Frau mit Hornbrille, die hinter meinem Kunden in zweiter Reihe an meinem Infopunkt parkte. Das war er, der Moment, in dem ich realisierte, das das jetzt alles sehr, sehr hässlich werden würde. Und mit diesem Gedanken sollte ich Recht behalten. Da hatten wir also eine kleine Wichtigtuerin, der es nicht genügt, sich um ihren eigenen Käse zu kümmern, sondern die es auch noch als ihre von Gott gegebene Aufgabe betrachtete, anderen in die Parade zu gackern.

„Da gibt es eine Regel vom Verbraucherschutz. Das sind ja Lockangebote, mit denen Sie hier die Kunden ködern und dann kommt man und es gibt die Artikel gar nicht!", gackerte Grumpy, der siebte Zwerg, weiter.

Es schien wirklich so, als sei das Leben dieser Dame nicht ausgelastet genug. Ich war in diesem Moment natürlich bemüht, den Kunden vor mir zu beschwichtigen und ganz nebenbei auch für Grumpy deutlich hörbar zu erklären, dass es so etwas wie Lockangebote bei uns nicht gäbe und wir bisher jeden angebotenen Artikel auch verkauft hätten. Und ich danke Gott heute noch dafür, dass in diesem Moment unser Lagerist

Heiko mit der Palette Computern aus dem Lager in den Verkaufsraum wackelte und die weit über zwei Meter hohe Palette demonstrativ unmittelbar neben meinem Infopunkt abstellte. *„Und da ist er schon"*, seufzte ich erleichtert. Ich freute mich, dass mein Kunde zufrieden den Laden verlassen und ich Grumpy, dem Zwerg, den Wind aus den Segeln nehmen konnte.

Wenn Sie denselben Hang zur Einfältigkeit haben, den ich in diesem Moment hatte, dann dachten Sie jetzt auch, dass die Geschichte zu Ende sei, nicht wahr? Zu meinem großen Bedauern muss ich Sie enttäuschen, denn Klein-Grumpy stand nicht zufällig an meinem Infopunkt. Die Dame wollte natürlich auch etwas kaufen. Und jetzt raten Sie doch bitte mal, was!

„Ich hätte jetzt gerne die Digitalkamera aus ihrem Faltblatt. Die werden Sie ja wohl da haben, oder?"

„Herr, schicke einen Blitz und strecke mich nieder!", dachte ich in diesem Moment. Können Sie sich vorstellen, was für ein merkwürdiges Gefühl es war, dieser Dame in die Augen zu sehen und genau zu wissen, dass ich in weniger als zwei Sekunden versuchen würde, ihr mitzuteilen, dass eben jene Kamera noch nicht eingetroffen sei? Mein Leben lief vor meinem inneren Auge noch einmal wie ein Film, wie üblich in schwarz-weiß – aber High Definition. Und ich glaube sogar, eine kurze außerkörperliche Erfahrung gehabt zu haben, bevor ich Grumpy

höflich und mit sicherer Stimme erklärte: *„Die Kamera trifft leider erst im Lauf des Vormittags bei uns ein."*

Was folgte, war Stille.

Stellen Sie sich vor, dass ein Heubüschel, vom Wind angepeitscht, durch die Abteilung wehte. Die Augen von Grumpy wurden langsam immer verkniffener, ein Schweißtropfen rann meine Stirn hinab und im Hintergrund lief die Musik eines Sergio Leone-Westerns. Frauen rissen ihre kleinen Kinder vom Mittelgang des Marktes seitlich hinter eine der Regalreihen und hielten ihnen Augen und Ohren zu.

„Sie haben diese Kamera in ihrem Faltblatt angeboten und ich bin jetzt hier und möchte sie kaufen!".

Oh verdammt, die Frau zieht schneller als mein Schatten! *„Das verstehe ich sehr gut"*, entgegnete ich freundlich. *„Aber ich kann leider nichts an der Tatsache ändern, dass die Kamera noch nicht eingetroffen ist."*

„Ist mir egal, ich will sie haben. Ich habe ein Anrecht darauf!"

Kann mal einer das Handelsgesetzbuch rausholen? Das hätte ich dann doch zu gerne mal nachgeschlagen. Fehlte gerade noch, dass sie mit dem Fuß auf den Boden stampfte. Plötzlich fühlte ich mich nicht mehr wie in *„Spiel mir das Lied vom Tod"*, sondern wie mit meiner kleinen Cousine in der Spielwarenabteilung eines Kaufhauses... ungeachtet der Tatsache, dass ich eigentlich nur große Cousinen habe, aber Sie wissen, worauf ich hinaus will.

„Nun gut, was soll ich machen? Ich kann Ihnen die Ka-mera jetzt nicht her zaubern. Ich schreibe mir ihre Tele-fonnummer auf und wir benachrichtigen Sie, wenn das Gerät eintrifft."

„Ja dann muss ich ja den ganzen Weg aus Nürnberg wie-der hier her kommen, wer zahlt mir das denn?"

Fassen wir also zusammen: Grumpy, der kleine Zwerg, fährt, ohne die anderen Zwerge wohlgemerkt, vierzig Kilometer Autobahn, um eine Digitalkamera zu kaufen, die es mit an Sicherheit grenzender Wahrscheinlichkeit in einem der grob geschätzt zwei Dutzend Elektro-Fachmärkte in Nürnberg – die Stadt hat sogar 'nen Flughafen, verdammt! - zum selben Preis gegeben hät-te, ohne dass man rund zehn Euro Spritkosten hätte auf sich nehmen müssen? In diesem Moment war mir klar, Grumpy wollte keine Kamera. Grumpy wurde vielmehr von einer höheren Macht geflüstert, dass genau *dieser* Elektro-Fachmarkt heute um kurz nach neun noch nicht alle angepriesenen Werbeartikel vorrätig hat und genau deswegen kam Grumpy den langen Weg aus Nürnberg zu mir an die PC-Information gefahren, nur um mich zur Weißglut zu bringen! Besagte höhere Macht konnte nicht Gott gewesen sein, denn Gott wäre mir nach mei-ner katholischen Erziehung gnädiger gewesen. Viel-leicht war es Steve Jobs oder so. Was tut man also in so einer Situation, um zu verhindern, dass man dem Kunden gegenüber die Façon verliert? Was habe ich bei meinem Frontschwein Joe in der Ausbildung gelernt? Richtig, man holt den Chef! Und weil Gott – und nicht die andere höhere Macht - mir an diesem Tag gnädig war, war niemand Geringeres als Mr. Dent an diesem Tag anwesend. Als ich das bemerkte, begann ich zum ersten Mal an diesem Tag innerlich zu grinsen. Mr. Dent wurde kurz von mir über die Situation in Kenntnis gesetzt und versuchte dann seinerseits, Grumpy davon zu überzeugen, dass wir nichts dafür konnten, dass die Lieferung noch nicht eingetroffen war. Dabei verlor er jedoch niemals die Kontrolle über sein grimmiges Gesicht und den natürlich angeborenen amerikanischen Akzent. Im Gegensatz zu meinem Ausbilder Joe war Mr. Dent jedoch ein sehr ruhiger, in sich gekehrter Brummbär. Er wurde nicht laut und nicht ausfallend, nein, er machte das mit einer beinahe provokativen Ruhe. Unter uns, das finde ich wohl gemerkt viel schlimmer, als laut und ausfallend zu werden. Denn er zieht das mit seinem grimmigen Gesicht erbarmungslos durch und straft die Menschen mit Gleichgültigkeit.

„Die Methoden, mit denen Sie hier arbeiten, sind nicht rechtens!"

„Gut, wenn Sie das meinen."

„Ich werde Sie und Ihr Geschäft bei der Verbraucher-Zentrale Bayern melden!"

„Fein, tun Sie das."

„Sie werden von meinem Anwalt hören!"

„Ich freue mich schon!".

Vergessen Sie nicht, sich den amerikanischen Akzent von Mr. Dent dazu vorzustellen. Und ganz ehrlich, *„Sie werden von meinem Anwalt hören"* ist doch die Erwachsenen-Version von *„Das erzähle ich meiner Mama".* Aber naja. Nach einer verbalen Auseinandersetzung, aus der Mr. Dent als moralischer Sieger hervor ging, konnten wir freudig vermelden: *„Grumpy has left the building!".*

Nun mögen Sie etwas schockiert darüber sein, wie wenig bemüht Mr. Dent mit dieser Kundin umging. Das entspricht natürlich nicht den Tatsachen. Auch er hat zunächst mehrere Minuten auf die Dame eingeredet und versucht, ihr die Umstände vernünftig zu erklären, ehe er auf stur geschaltet hat. Aber diesen dramaturgischen Kaugummi wollte ich Ihnen ersparen. Ich hatte ohnehin das Gefühl, Grumpy *wollte* diese Auseinandersetzung. Ihre ganze Art und ihr ganzes Auftreten hatten es darauf angelegt. Und die Hornbrille, besonders die Hornbrille. Hätte sie vernünftig nach einer Lösung des Problems gefragt oder sich ernsthaft mit der Situation auseinander gesetzt, wäre man in einem erwachsenen Umgangston auch sicher auf einen gemeinsamen Nenner gekommen. Aber danach stand ihr offenbar nicht der Sinn.

Am frühen Nachmittag traf die beworbene Kamera übrigens in unserem Markt ein. Grumpy erschien daraufhin unaufgefordert noch einmal, kaufte den Artikel und verließ den Markt, ohne mich oder Mr. Dent auch nur einmal anzusehen. Vermutlich hatte sie auch diesmal die Information über den gerade eingetroffenen Artikel von einer höheren Macht erhalten, aus der himmlischen iCloud vielleicht. Denn angerufen hatten wir sie nicht. Wir hatten ja nicht einmal ihre Nummer.

Klugscheißer-Wissen: Das „Gesetz gegen den unlauteren Wettbewerb" stellt klar, dass Werbeangebote einen „angemessenen Zeitraum" lang vorrätig sein müssen. Wie lange dabei der „angemessene Zeitraum" ist, bleibt undefiniert. Herangezogen werden müssen dabei jedoch die Art des Produkts sowie der Preis. Heißt auf Deutsch: Wenn's bei ALDI mal wieder einen Laptop gibt, sollten Sie schneller sein, als wenn die Butter im Angebot ist.

Eine Faustregel besagt, dass ein Angebot grundsätzlich wenigstens am ersten und zweiten Tag der Werbeaktion verfügbar sein sollte, sofern der Händler vorab nicht explizit auf die Knappheit des Artikels hinweist – was die Discounter mittlerweile übrigens tun. Ist der Laptop also am Abend des ersten Werbetags schon vergriffen, können Sie rechtlich kaum etwas dagegen tun – Sie wurden ja drauf hingewiesen.

Wenn Gott auf die Erde fährt...

Kommen wir zu meinem persönlichen Lieblings-
kapitel. Es gibt Vorkommnisse, die können Sie
keinem bestimmten Thema zuordnen. Das sind
Situationen, die einfach passieren und so kurios sind,
dass Sie eigentlich nichts anderes tun können, als sie
irgendwann in einem Buch zu verarbeiten.

Meistens passieren diese Dinge in einem Verkaufsgespräch, das völlig unschuldig und harmlos beginnt.
Und mit der Unschuld ist das so eine Sache. Ich erinne-
re mich an einen Nachmittag, an dem ich einen Vater
und seine junge, sehr gut aussehende Tochter zu einem
Notebook beraten hatte. Ich gebe zu, ich habe generell
meine Schwierigkeiten damit, das Alter junger Damen
zu schätzen. So wie die sich kleiden, ist zwischen 13
und 26 jedes Alter vorstellbar. Ich hatte zu meiner Aus-
bildungszeit zwei Klassenkameradinnen, die beide 17
Jahre jung waren. Eine von ihnen hätte geistig durchaus
schon über 20 hätte sein müssen, die andere benahm
sich und sah auch aus wie eine 13-Jährige. Manchmal
sind die Unterschiede gravierend. Nun, in jedem Fall
fiel es mir auch diesmal schwer, das Alter der Tochter
genau zu schätzen, ich würde es aber vorsichtig zwi-

schen 18 und 20 ansetzen. Sie war nicht übermäßig auf-
reizend gekleidet, geschminkt oder "aufgetusst", sie war
einfach schön anzusehen, wirkte sympathisch und eigentlich auch reichlich unschuldig. Aber stille Wasser
sind ja zumeist nicht nur tief, sondern auch dreckig.
Habe ich mal gelesen.

Nachdem der Vater sich für ein Notebook entschieden
hatte, kam die folgenschwere Frage nach – richtig - der
Gratis-Maus. Er erklärte mir, dass seine Tochter es auf
seine Maus abgesehen hätte und er würde sie ihr natürlich gerne überlassen, sofern er eine neue Maus fände.
Ob denn da nicht noch eine Möglichkeit bestünde, ihm
eine günstige Maus dazu zu geben.

Nun, es war bis dahin ein sehr angenehmes und locke-
res Gespräch, er hatte höflich gefragt – warum also
nicht? Entsprechend beantwortete ich die Frage des
Vaters mit den Worten:

> *„Naja, ich werde mal sehen, was ich da tun kann. Ich bin
> ja der Letzte, der eine junge Frau unglücklich sehen will."*

Daraufhin entgegnete der Vater ohne mit der Wimper
zu zucken:

> *„Ha, Jungfrau! Na ich weiß nicht, ob das noch stimmt!"*.

Was nun folgte, war eine peinliche Stille, während der
sich alle drei Beteiligten mindestens einmal gegenseitig
in die Augen blickten und vermutlich auch alle kollektiv gerne im Erdboden versunken wären. Die erste Re-

aktion kam von der Tochter, die ihrem Vater mit den Worten „*Mensch Papa!*" mehrmals den Ellenbogen in den wohlgenährten Bauch rammte. Auch ich wollte mich, noch leicht mitgenommen von dem eben Gehörten, natürlich aus der Affäre ziehen und ergänzte, beinahe flüsternd

„*Also eigentlich hatte ich junge Frau gesagt...*"

„*Ja genau, Papa! JUNGE Frau!*"

Der Vater, der komischerweise der einzige war, der den Vorfall vom Start weg mit Humor nahm, sagte dann nur:

„*Ach so, ja das stimmt natürlich.*"

Er bekam seine Gratis-Maus, kaufte sein Notebook und verließ mit seiner Tochter den Markt. Ein wenig schmunzeln musste ich hinterher schon über den Vorfall, auch wenn es mir, nicht zuletzt für die Tochter des Mannes, sehr leid tat. Bis heute muss ich jedes Mal grinsen, wenn ich an dieses Gespräch zurück denke. Bei der anschließenden Autofahrt von Papa und Töchterlein hätte ich aber gerne Mäuschen gespielt, um mir anzuhören, wie sie sich immer hysterischer über den Vorfall aufregt, während der Papa ganz beschwichtigend sagt:

"*Ach, der Verkäufer erinnert sich doch in zwei Wochen eh nicht mehr daran*".

Nun, was soll ich sagen... „*Dööööööoouuuhhh!!*"

Ein Klassiker der surrealen Momente als Mitarbeiter in einem Elektrofachmarkt sind Kunden mit unzureichenden Hintergrundinformationen über das Zubehör, das sie so dringend benötigen. Lehnen Sie sich zurück und genießen Sie folgenden Dialog, den es so tatsächlich schon mehrere Hundert Male in dieser oder ähnlicher Form gegeben hat.

„Guten Tag, können Sie mir weiterhelfen?"

„Guten Tag! Natürlich, was brauchen Sie denn?"

„Eine Druckerpatrone."

„Was für eine Druckerpatrone brauchen Sie denn?"

„Schwarz!"

„Nein, ich meine für welches Modell? Was für einen Drucker haben Sie denn?"

„Epson!"

„Und haben Sie da die genaue Druckerbezeichnung oder die Nummer der Patrone?"

An dieser Stelle würde Mario Barth das Spannungsmoment noch ein wenig ausreizen mit den Worten *„Achtung, pass opp... *kicher* pass opp! Keen Witz, wirklich wahr! Da sacht eeeeer..."*

„Ja wieso? Gibt's da mehrere?"

Denselben Dialog in leicht abgewandelter Form könnte ich Ihnen jetzt auch zum Thema Speicherkarten wiedergeben, aber sparen wir uns das Papier lieber. Für die Unaufgeklärten unter Ihnen: Ja, es gibt mehrere. Dutzende. Hunderte! Aber nun erst einmal genug von Druckern geredet.

Grundsätzlich sind mir ja ältere Herrschaften sehr sympathisch. Ich stand erst kürzlich mit meinem Kollegen Simon am Infopunkt. Simon müssen Sie sich als einen 22-jährigen, fanatischen Downhill-Biker mit dem Ansatz eines Irokesenschnitts, einem Ziegenbärtchen, der Vorliebe für „Death Metal" und einer für sein Alter sehr tiefen Stimme vorstellen. Eigentlich ein verteufelt netter Kerl, wäre da nicht sein, nach eigener Definition, Rassismus gegen alte Menschen, Hippies und Rothaarige. Während ich eben eine Bestellung in den Computer einhackte, kam eine ältere Dame auf Simon zu und kramte in ihrer Handtasche angestrengt nach einer defekten Fernseh-Fernbedienung, während sie das Gespräch mit den folgenden Worten eröffnete:

"Entschuldigen Sie bitte... Sie müssen verzeihen... ich kenne mich nicht sehr gut aus und hoffe, Sie können mir helfen. Ich bin da nicht so beleckt!".

Nach diesem letzten Satz drehte sich Simon, noch während die Dame weiter in ihrer Handtasche suchte, mit weit aufgerissenen Augen und gespitzten Lippen zu mir um, woraufhin ich nur noch meine Zähne zusammenbeißen konnte und mit dem Fuß mehrmals gegen den Infotresen hämmerte, um durch mir selbst zugefügte Schmerzen ein lautes Lachen zu unterdrücken. Beleckt… ja ich weiß, wir sind kindisch. Früher hat man das aber tatsächlich so gesagt.

Eines anderen Tages durfte ich einem Ehepaar bei seinem Notebook-Kauf unter die Arme greifen. Zu diesem Moment konnte ich noch nicht ahnen, dass sich der Allmächtige persönlich noch in dieses Verkaufsgespräch mit einschalten würde. Die Gretchen-Frage für das Ehepaar war: Notebook oder Netbook? Netbooks, das sind diese kleinen Notebooks mit maximal zwölf Zoll großen Bildschirmen, die technisch gesehen deutlich schwächer ausgestattet sind, als Notebooks. In erster Linie dienen sie Geschäftsleuten, die viel unterwegs sind, auf ihren Reisen aber dennoch ins Internet wollen oder an einem Excel-Dokument arbeiten möchten. Nun sprechen diese Netbooks aber – man könnte sagen *„dummerweise"* – auch verstärkt weibliche Kunden an, weil sie eben so schön klein sind. Und Männer, gestehen wir es uns ein, wir alle haben den Satz *„Och Gott, ist der puuutzig!"* schon einmal in den unpassendsten Situationen vernommen.

So, wie es also vielen Frauen geht, ging es auch der Ehefrau dieses Kunden. Sie wollte ein kleines, putziges Netbook. Er hingegen, technisch auf Zack und bedarfsorientiert, riet seiner Gattin dringend zu einem leistungsfähigeren Notebook. Man muss an dieser Stelle dazu sagen, dass es sich hier nicht um deutschstämmige Kunden handelte. Obwohl beide sehr sauberes Deutsch sprachen, war der osteuropäische Einschlag dieses Ehepaars mit einem leicht gebrochenen Akzent nicht zu überhören. Es entwickelte sich sehr schnell eine aufbrausende Diskussion zwischen den beiden Ehepartnern, der ich, beinahe als Unparteiischer, unmittelbar beiwohnen durfte. Als dem Ehegatten spürbar die Argumente ausgingen, bediente er sich in absoluter Hilflosigkeit und bar jeder schlüssigen Logik des folgenden Satzes, den er mit erhobener Stimme und wild gestikulierend seiner Frau entgegen schmetterte:

„Frau, was machst du ... wenn Gott auf die Erde fährt und dir erscheint und er fragt dich 'Hast du ein CD-Laufwerk in deinem Laptop oder nicht?' und du sagst Nein ... PENG und dein Leben ist vorbei! Willst du das?!"

Wie ein Schlichter in bester Heiner Geißler-Tradition stand ich in diesem Moment etwas abseits auf halber Strecke zwischen den beiden Duellanten/Ehepartnern und so sehr es mir in vielen Situationen gelingt, die Ruhe zu bewahren, so unvermeidlich war es in diesem Moment, dass sich meine Backen aufpumpten und ich beinahe lauthals los lachen musste. Dumm nur, dass diesmal mein Infotresen nicht in Reichweite war, gegen den ich mit meinem Fuß hätte donnern können. Dass mich der Mann darum bat, ihm das Datenblatt des von ihm bevorzugten Notebooks auszudrucken, rettete mir den Arsch. Auf dem Weg zurück zu meinem Infopunkt konnte ich, das Paar im Rücken, meine angespannten

Gesichtsmuskeln kurz entlasten und loslachen. So etwas hatte ich noch niemals gehört, vor Allem nicht mit diesem Ernst und dieser Überzeugung in der Stimme. Mit Hilfe des Datenblattes konnte der Mann seine Angetraute dann doch davon überzeugen, dass das besser ausgestattete Notebook für ihre Zwecke das geeignetere Gerät sei.

Was lernen wir daraus? Liebe Männer, machen Sie es doch beim nächsten Mal einfach genauso. Wenn Sie und Ihre Frau sich demnächst nicht auf ein Gerät einigen können, drohen Sie einfach damit, dass Gott das Leben Ihrer Gattin auslöscht, sollte Sie sich rein von den Äußerlichkeiten des Produkts leiten lassen. Sind Sie auch noch selbstkritisch veranlagt, können Sie gerne ein *„Bei mir war dir das Aussehen doch auch wurscht!"* hinterher bellen.

Klugscheißer-Wissen: *Bis zu 450.000 Tonnen Plastikmüll entstehen weltweit pro Jahr durch Druckerpatronen. Aber jeder regt sich über Kaffeekapseln auf…*

Ist nicht meine Abteilung!

Kommen wir zu einem der größten Klischees des Einzelhandels und vor Allem dem wohl größten Klischee, das Mitarbeiter eines Elektro-Fachmarkts betrifft. Ein deutschlandweit bekannter, aus Berlin stammender Komödiant - ich hatte ihn ja vorhin schon mal erwähnt - hat diesem Klischee in einem seiner Bühnenprogramme eine eigene Nummer gewidmet, während er zeitgleich im nationalen Werbefernsehen für eine große Marktkette Reklame betrieb. Doppelmoral, ick hör dir trapsen! Sei's drum. Eben jenes Klischee besagt, dass Sie als Kunde in einem Elektro-Fachmarkt niemals einen Mitarbeiter finden, wenn Sie einen benötigen. Und wenn Sie dann doch einen entdeckt haben, der sich entsprechend des Klischees nicht schnell genug versteckt hat, hören Sie als Kunde diesen unsäglichen Satz:

„Ist nicht meine Abteilung!".

Ich verrate Ihnen etwas, das ich Ihnen als gebildetem und belesenem Menschen eigentlich nicht verraten müsste: Wir verstecken uns nicht! Aber entgegen der landläufigen Meinung erledigen meine Kollegen und ich während der Arbeitszeit auch andere Dinge, als nur darauf zu warten, sich in fast schon suizidaler Manier vor einen herannahenden Kunden werfen zu können. Da wird mal eine Palette aus dem Lager gefahren und Ware ins Regal geräumt. Es werden Bestellabfragen bearbeitet, Fehlbestände kontrolliert und Preisschilder nachgedruckt. Es werden Datenblätter geschrieben und gedruckt, Reklamationen sortiert und gelegentlich helfen wir den Servicemitarbeitern in der Reparaturannahme, wenn Sie sich durch den Kunden mit einem allzu spezifischen Problem konfrontiert sehen. Wenn dann noch ein Kollege *„auf siebzehn"* muss – der geläufige Einzelhandelscode für *„Ich sitz' mal eben auf der Keramik!"* - dann kann es zu einem ungünstigen Zeitfenster von einer oder zwei Minuten kommen, in dem die Abteilung tatsächlich nur mit einem oder gar keinem Mitarbeiter besetzt ist. Ich weiß, was Sie jetzt denken und Sie haben Recht: Das dürfte doch eigentlich nicht vorkommen. Richtig. Da stimme ich Ihnen zu und würde niemals widersprechen. Aber die Titanic hätte eigentlich auch nicht untergehen sollen. War das zu weit hergeholt?

Wenn Sie sich überlegen, wie viele verschiedene Abteilungen ein solcher Markt haben kann, dann erkennen Sie sicher, dass es nicht möglich ist, von der Waschmaschine über den Haarschneider, das Waffeleisen, die Multimedia-Festplatte, den Fernseher und die Super-Box mit allen CDs der Amigos – Gott, sei mir gnädig – über jedes einzelne Produkt Bescheid zu wissen. Eben deswegen gibt es diese thematischen Abgrenzungen und weil ich für meinen Teil ein besonderes Verständnis für Computer habe, arbeite ich in der PC-Abteilung. Nicht in der Fernsehabteilung und auch nicht bei den Kleingeräten. Nun sind diese Abteilungen in der Regel nur thematisch, nicht aber räumlich durch z.B. eine Wand abgegrenzt und so ist es kein Wunder, wenn ein Kunde auf mich zu kommt und fragt, ob ich denn für die Fernseher auch zuständig wäre. Das Lehrbuch schreibt nun vor, den Kunden zu begleiten und ihn einem anderen Mitarbeiter zu *„übergeben"*, der mit der Ware vertraut ist. Besonders an stressigen Tagen geht das aber nicht immer in dieser zuvorkommenden Ausführlichkeit. Dann passiert es tatsächlich, dass Sie von einem Kollegen eben jenen Satz zu hören bekommen.

„Ist nicht meine Abteilung!"

Zugegeben, eine etwas freundlichere Variante wäre da durchaus angebracht und ich bin meinem eigenen Berufsstand gegenüber kritisch genug, um zuzugeben, dass dies so mancher Kollege wohl etwas mehr beherzigen müsste. Ich für meinen Teil versuche es dann meist mit Ausführungen wie

„Das ist leider nicht mein Fachgebiet, aber wenden Sie sich doch am besten an den Herrn Schneider am nächsten Infopunkt, der kann Ihnen da kompetent weiterhelfen."

Klingt gut, oder? Ja, das flutscht richtig.

Die traurige Wahrheit ist: Gut die Hälfte aller Kundengespräche in einem Elektro-Fachmarkt beschränkt sich auf das Dirigieren des Kunden zum richtigen Kollegen. In Stoßzeiten hat man dann gerne mal fünf oder sechs Kunden unmittelbar nacheinander.

„Schauen Sie mal an den nächsten Infopunkt bitte!"

„Ja, das machen die Kolleginnen bei den Kleingeräten ein Stück weiter vorne."

„In der Telekommunikations-Abteilung vorn links, bitte."

„Die tragbaren Spielekonsolen finden Sie direkt bei meinen Kolleginnen an der Hauptinformation!".

Ermüdend und demotivierend? Ja, ein wenig. Dummerweise sind öffentliche Lagepläne von Elektro-Fachmärkten noch immer die Ausnahme und ganz ehrlich, selbst wenn es sie überall gäbe, könnten nicht alle sie lesen. Mit normalen Landkarten im Auto klappt es doch auch nicht. Insofern müssen wir Verständnis dafür aufbringen, dass der gemeine Kunde seine Schwierigkeiten hat, den richtigen Mann in der richtigen Abteilung zu finden. Das ist trotz großzügiger Schriftzüge über unseren Infopunkten vielleicht manchmal etwas kompliziert.

Den Abschuss in Sachen Kunden-Dirigismus leistete sich mein früherer Abteilungsleiter. Eines Tages kam ein Kunde an den Infopunkt in unserer Abteilung und fragte: *„Entschuldigung, wo haben Sie denn die Außen-*

bordmotoren?", woraufhin mein damaliger Abteilungsleiter ganz kaltschnäuzig antwortete:

„Hinten links, neben den Wohnmobilen!"

Nachdem der Kunde sich also fröhlich nach *„hinten links"* auf den Weg machte und sich mein damaliger Vorgesetzter vorwurfsvollen Blicken seiner Kollegen ausgesetzt sah, entgegnete der nur mit einem spitzbübischen Grinsen *„Ach, der kommt gleich wieder!"*. Unnötig zu erwähnen, dass wir natürlich keine Außenbordmotoren in unserem Markt verkaufen. Bis heute nicht.

Es gibt aber auch Kunden, die wollen partout kein Verständnis dafür zeigen, dass sich ein Mitarbeiter aus der PC-Abteilung einfach nicht mit Rasierern oder Wasserkochern auskennt. So erging es meinem Abteilungsleiter jüngst. Freundlich und zuvorkommend, wie er eben ist, zeigte er einer älteren Dame auf Nachfrage das Regal mit den Rasierern und Haarschneidern. Dort angekommen, sah ihn das Muttchen mit großen Augen an und fragte etwas provokant: *„Und, was ist jetzt?"* Darauf entgegnete mein Kollege: *„Naja, hier sind die Rasierer."* Das wiederum entlockte der Dame einen empörten Ausruf:

„Ja, wollen Sie jetzt einen verkaufen oder nicht? Stehen Sie doch nicht so rum, erklären Sie mir was!"

Es dauerte einige Momente, ehe mein Kollege der Dame klarmachen konnte, dass er sich leider nicht näher mit den Gerätschaften auskenne und ihr eine Mitarbeiterin aus der Abteilung herbeirufen konnte. Zurück in der PC-Abteilung schüttelte er nur noch den Kopf über den dreisten Umgangston der älteren Dame. Aber auch mir sind schon Kunden begegnet, die mich fragten, ob ich mich denn mit den DVD-Recordern auskennen würde. Auf mein freundliches *"Leider nein, aber..."* kassierte ich sofort ein empörtes *"Ja warum denn nicht? Sie arbeiten doch hier!"*

Weitaus sympathischer sind da schon die Kunden, die sich von der Aussage, dass man sich beim betreffenden Produkt leider nicht so gut auskenne, wie ein Kollege, nicht wirklich beirren lassen und weiter drauf los reden.

„Entschuldigung, haben sie Kaffee-Filter von Melitta da?"

„Ich glaube nicht, aber da fragen wir doch einfach mal eine Kollegin aus der Abteilung."

„Ja, wissen Sie, ich habe die vom Supermarkt drüben probiert aber die haben mir nicht gefallen, das war nicht so das Wahre. Da haben Sie sicherlich noch andere Filter, nicht wahr?"

„Wie schon gesagt, da müssen wir eben die Kollegin aus der Abteilung befragen."

„Keine Qualität bekommt man da heute mehr angeboten. Bei diesen labbrigen Dingern schmeckt der Kaffee

einfach nicht so. Hach ja, haben Sie denn da auch andere Filter?"

„Wie ich schon mehrmals erwähnt habe, da müssten wir die Kollegin..."

Schrullig aber sympathisch. Es geht aber auch noch weitaus gemütlicher.

Ein Kollege erzählte mir von einer Begebenheit, die sich zutrug, während er mit einem Außendienst-Mitarbeiter eines Lieferanten am PC-Infopunkt ein Gespräch führte und sich über Produktneuheiten informierte. Aus dem Augenwinkel beobachteten beide einen kräftig gebauten Mann Anfang 50, der sich mit einer gemütlichen Behäbigkeit auf den rund fünfzehn Meter entfernten TV-Infopunkt aufstützte, als wäre es ein Kneipentresen. Der zuständige Kollege, der an diesem Tag aufgrund eines Krankheitsfalls allein in der Abteilung bediente, war einige Reihen weiter entfernt, außer Sichtweite des Kneipen-Kunden, in ein Verkaufsgespräch verwickelt. Eine ganze Weile sah mein Kollege den Mann aus dem Augenwinkel, konzentrierte sich aber weiterhin auf das Gespräch mit dem Vertreter, ehe das gesamte hintere Drittel des Marktes von einem lauten, tiefen Ruf erschüttert wurde.

„Hilfe! Hallo! Kommt denn da niemand?", grölte der Mann an der TV-Info, ohne auch nur einen Funken seiner Behäbigkeit oder seiner gemütlichen Aufstütz-Position einzubüßen. Angesichts dieses so unwirklich erschei-

nenden Anblicks hatte mein PC-Kollege seine liebe Müh' und Not, nicht sofort in schallendes Gelächter auszubrechen, während dem Vertreter der Grafikkartenfirma förmlich die Gesichtszüge entglitten.

Wenige Sekunden später wiederholte der Mann mit stoischer Ruhe seinen lauten Ruf: „*Hilfe! Hallo! Ich brauche einen Fernseher*", grölte er abermals, ohne seinen Blick von der sinnfreien Leere, in die er starrte, wegzurichten. Dieser Anblick muss bei allem Ärger so faszinierend gewesen sein, dass sich mein Kollege die Seite halten musste, um nicht vor Lachen zusammen zu klappen – natürlich so dezent wie möglich. Wer möchte sich schon mit einem Grizzlybär anlegen? In diesem Moment drückte sich der Kopf des Kollegen in der TV-Abteilung über die hoch gebauten Regale in Richtung Infopunkt und ein leicht genervtes „*Ich komme gleich, ich habe hier noch Kundschaft!*" erhellte den Markt. Das quittierte der Mann an der Information mit einem leisen „*Jawoll*" und es schien kurzzeitig so, als wollte er sich für die Wartezeit noch ganz gemütlich ein Weißbier bestellen.

Klugscheißer-Wissen: *„Ich bin mal auf 17" bedeutet tatsächlich nichts anderes als „Ich bin mal eben am Klo". Mehrere Theorien besagen, dass dieser „Code" bereits in den 1950er-Jahren in großen Kaufhäusern wie Kaufhof oder Horten entstand. Verließ dort ein Mitarbeiter seine Abteilung,* weil er auf die Toilette musste, wurde über die Lautsprecher durchgesagt, dass ein Kollege einer anderen Abteilung kurz ein Auge auf die verlassene Abteilung haben sollte. Da die Durchsage „Aufgemerkt Frau Müller, Herr Maier ist am Klo!" bei den Kunden eher merkwürdig aufgenommen worden wäre, etablierte sich als Durchsage „Herr Maier auf 17".

Spaß im Verkauf!

Fastnacht, Karneval oder Fasching. Egal, wie Sie es in Ihrer Region nennen, diese Zeit, die eigentlich nur den Zeitraum zwischen Weihnachten und Ostern möglichst schmerzfrei überbrücken soll, reißt auch uns Mitarbeiter im Verkauf zu einer ungewohnten Lockerheit hin und sorgt dafür, dass auch wir ein witziges Sprüchlein mehr auf den Lippen haben, als sonst. Auch an meinem Arbeitsplatz gipfelte die Freude über die fünfte Jahreszeit stets darin, dass einige Kolleginnen und Kollegen beschlossen, am Rosenmontag verkleidet zur Arbeit zu erscheinen. Betrachten Sie es von mir aus als Aufmüpfigkeit gegen die Obrigkeit, oder zumindest gegen die Dienstkleidung. Und bevor alle Rheinländer jetzt stutzig werden: Ja, wir Franken arbeiten trotz Fasching bis Aschermittwoch durch – nicht so, wie ihr.

Mein damaliger Abteilungsleiter, eine gut gelaunte Frohnatur mit einem Mundwerk, das Eddie Murphy Konkurrenz machen würde, entschied sich seinerzeit für ein recht stilvolles Kostüm. Er besorgte sich einen feinen Anzug, eine schwarze Melone, eine Fliege und einen sehr schmalen Oberlippenbart zum Ankleben. Ich hatte an diesem Tag frei, jedoch war mir aufgrund der detaillierten Beschreibung, die er mir schon Tage zuvor stolz mitgeteilt hatte, sofort klar, wen mein Abteilungsleiter hier mimte: Charlie Chaplin himself natürlich.

Auch einer meiner Kollegen war sich felsenfest sicher, die Verkleidung durchschaut zu haben, hatte allerdings eine etwas andere Vermutung, wer hier letztendlich dargestellt wurde. Auf das Kostüm unseres Abteilungschefs angesprochen, konterte er tags darauf ganz trocken: *„Ja, das sah gut aus. Er ging als Adolf Hitler mit Hut!"*. Autsch.

Eben jener gut gelaunte Abteilungsleiter war es auch, der an diesem Tag keine Skrupel hatte, die gesamte Abteilung mit buntem Konfetti einzusauen. Wo ich am nächsten Morgen auch hintrat, überall fand ich mich in einer dichten Decke aus bunten Papierschnipseln wieder und ich empfand ein gewisses Mitgefühl für die Putzfrauen, die das wieder aufräumen mussten. Aber damit nicht genug, mein Vorgesetzter wollte auch für Nachschub an der Konfetti-Front sorgen. In Stapelform lagen an der Hauptinformation am Eingang unseres Marktes weiße DIN A4-Bögen mit der Aufschrift *„Konfetti-Bastelbogen"*. Darauf abgebildet waren gut drei Dutzend kleine, gestrichelte Kreise mit einem kleinen Scherensymbol am Rand und folgender, wirklich sensationell ausgefuchsten Bastelanleitung:

(1)   Herzlichen Glückwunsch!
(2)   Kreise in verschiedenen Farben bunt ausmalen.
(3)   Kreise an den gestrichelten Linien ausschneiden.
(4)   Konfetti unter lautem Lachen um sich werfen!
Viel Spaß!

Ein Brüller, selten so gelacht. Nun, Herr Kreutzer fand es witzig und es hätte wohl nicht sehr viele Marktleiter gegeben, die diesen Blödsinn geduldet hätten. Aber vermutlich wusste unser Sozialpädagoge in weiser Voraussicht, dass sich ohnehin kein Kunde dazu hinreißen ließe, diesen Stuss wirklich durchzuziehen. Er sollte Recht behalten. Die Kunden schmunzelten an diesem Tag über die schräge Idee, selbst gebasteltes Konfetti haben die Putzfrauen am nächsten Morgen aber nicht aufgesaugt – nur kiloweise Industrieware.

Verglichen mit dem, was sich andernorts so zu Fasching zugetragen hatte, waren die Späße der Frohnaturen in meiner Abteilung noch harmlos. Mir wurde in diesem Zusammenhang die Geschichte von Melanie zugetragen, der Freundin einer Kollegin, die in der Innenstadt in einer namhaften Drogerie als Aushilfe arbeitete. Pünktlich zum Rosenmontag ließ sich Melanie zusammen mit einer weiteren Mitarbeiterin zu einem fast schon gemeinen Scherz hinreißen. Verkleidet als Mitarbeiter von Polizei und FBI brüllten sie im Feierabendgeschäft plötzlich „*Verlassen Sie sofort das Gebäude oder wir schießen!*". Es sei erwähnt, dass ich hier mehrmals nachgehakt habe, ob wirklich von "*schießen*" und nicht von "*schließen*" die Rede war. Dass es hier nicht zu einem größeren Polizeieinsatz aufgrund einer Amoklauf-Drohung kam, verwundert mich bis heute sehr. Binnen zwei Minuten war der gesamte Drogeriemarkt jedenfalls menschenleer und die beiden Aushilfen durften fortan nie wieder in der gleichen Schicht arbeiten. Das ist so frech, dass es schon wieder lustig ist.

Vielleicht haben Sie an meinen verhaltenen Ausführungen schon gemerkt, dass der Fasching nicht meine bevorzugte Zeit des Jahres ist. Vielleicht ist das eines meiner vielen unverarbeiteten Kindheitstraumata. Immerhin musste ich, ein Mann, der mittlerweile stolze 1,86 Meter Körpergröße misst, im Kindergarten noch einer der sieben Zwerge zur Faschingsfeier erscheinen. So etwas prägt fürs Leben und sorgt für ein Minderwertigkeitsgefühl bis in die späten zwanziger, ganz abgesehen von der Tatsache, dass ich als einer der sieben Zwerge ja zweifellos irgendwie mit Grumpy verschwägert gewesen wäre. Guter Gott, nein! Wie jedes Jahr erschien ich also auch in diesem Jahr in meinem ausgefeilten Kostüm als PC-Fachberater zur Arbeit. Ehe Sie sich beschweren: Ich war mir immerhin nicht zu schade, mir zu meiner Schicht an Heiligabend eine dämliche Nikolaus-Zipfelmütze aufzusetzen, deren überdimensionaler Zipfel mit einem Drahtgeflecht in der Horizontalen gehalten wurde. Das muss an Albernheit reichen. Aber davon erzähle ich Ihnen beim nächsten Mal.

Doch auch über Fasching hinaus versuchen wir Einzelhändler oder „*Fachberater*" - ich liebe dieses Modewort – eine gewisse Beschwingtheit und ein paar lockere Sprüche auf den Lippen zu bewahren. Das sorgt für ein familiäres Gefühl und taut so manchen steifen Kunden ein bisschen auf. Meistens zumindest. Man entwickelt über die Jahre in diesem Beruf ein gewisses Gespür dafür, welche Kunden für ein kleines Späßchen zu haben sind und bei welchen Personen man sich eher auf nüchterne Fachkompetenz beschränken sollte. Nun, dieses Gespür versagt hin und wieder und sorgt dann für peinliche Situationen.

Ein wenig anstecken lassen habe ich mich dann beispielsweise doch noch von der guten Laune am Rosenmontag, was meine nächste Kundin an diesem Nachmittag gleich mit voller Härte zu spüren bekommen sollte. Jene Kundin kam zu mir an den Infopunkt und bat freundlich um Hilfe bei den Druckern. Spontan wackelte ich der Dame in Richtung Druckerregal hinterher und wollte der Bitte dieser Kundin mit einem lustigen Spruch entgegnen. Das Einzige, was mir spontan auf den Satz *„Könnten Sie mir mal bei den Druckern helfen?"* eingefallen ist und mindestens genau so spontan meinen Mund verließ, waren die Worte

„Mal sehen, ob Ihnen noch zu helfen ist!".

Die Dame drehte sich provokativ langsam um und blickte mir böse ins Gesicht. Au Backe! Habe ich das wirklich gesagt? Ja, habe ich! Ein bisschen hilflos und mit hochrotem Kopf stammelte ich nur *„Nehmen Sie das nicht ernst, es ist Fasching!"*, wodurch ich diesen höchst peinlichen Moment erstaunlich unbeschadet hinter mir lassen konnte. Ich habe der Dame schließlich sogar einen Drucker verkauft und das war auch gut so, denn ansonsten hätte diese Situation wohl nur noch eine Gratis-Maus retten können.

Ein ähnlicher Faux Pas passierte mir bei einem jungen Mann, der sein neues Notebook über mehrere Monate finanzieren wollte. Das erfordert in unserem Markt ein wenig Papierkram und darüber hinaus den Personalausweis des Kunden. Als ich also gerade den Namen des Kunden, Dennis Steward, in das digitale Formular an meinem PC eingab, grinste ich den jungen Mann an und sagte mit einem Augenzwinkern „*'Rod' wäre cooler gewesen, gell?*“.

Nein, er fand diesen Spruch gar nicht gelungen und seine versteinerte Miene sprach Bände. Ich wandte mich schnell wieder dem Bildschirm zu, murmelte ein leises „*Scheinbar nicht*“ vor mich hin und versuchte, diesen Kaufabschluss noch irgendwie gesund über die Bühne zu bringen.

Zum Thema Kostüme im Verkauf habe ich noch eine nette, kleine Anekdote zu erzählen. Anlässlich des Verkaufsstarts eines neuen Star Wars-Computerspiels war es meinem Kollegen aus der Tonträger-Abteilung gelungen, eine Gruppe von Star Wars-Fans mit ihren aufwändigen Kostümen zu uns ins Geschäft zu holen, die mit Lichtschwerstern bewaffnet durch die Gänge zogen, mit Kindern Fotos machten und generell einfach ein echter Hingucker waren. Für mich war das die ideale Gelegenheit, um das abfällige Klischee, dass wir "*Ver-*

käufer" immer die Bösen seien, auf wunderbare Weise im Bild festzuhalten. Ich sprach also kurz mit *"Darth Vader"*, der diesen wunderbaren Spaß sofort mitmachte und sich engagiert hinter unseren Infopunkt stellte. Das entstandene Foto liegt bis heute in meinem Spint.

Was aber will ich Ihnen mit all diesen Geschichten von mehr oder weniger geglückten Albernheiten in meinem Berufsalltag eigentlich sagen? Nun, letztendlich sollten Sie sich doch eigentlich freuen, wenn Ihnen ein Kollege meiner Zunft mit derart lockeren Sprüchen auf den Lippen zum Verkaufsgespräch gegenübertritt. Es mag vielleicht nicht jeder blöde Spruch zünden, aber gute Laune ist auf jeden Fall vorhanden und nur ein gut gelaunter Einzelhändler sorgt auch für einen zufriedenen Kunden. Sehen Sie einen dummen Spruch oder einen schlechten Scherz in Zeiten der viel zitierten „Servicewüste" doch einfach als Qualitätsmerkmal – es wird Ihnen ohnehin zu selten begegnen.

Klugscheißer-Wissen: „Konfetti" waren ursprünglich spezielle Süßigkeiten wie überzuckerte Nüsse und Mandeln, mit denen sich maskierte Karnevalsteilnehmer im 18. Jahrhundert gegenseitig bewarfen. Das Wort „Konfetti" geht auf das lateinische „Confectum" zurück, was grob übersetzt „Zubereitetes" bedeutet.

Das Original-Foto:

Preis-Papparazzi

Es sind schon tolle Zeiten, in denen wir leben. So modern, so revolutionär. Pizzen können wir uns jederzeit im Internet bestellen, Autos kann man mit einem Laptop auf Fehler untersuchen und wenn jemand ein Tablet verwendet, ist damit nur noch selten der Kellner mit der Vorspeise gemeint. Jeder von uns ist überall erreichbar und, was noch besser ist, jeder von uns kann zu jeder Zeit und überall Zugriff auf das gesamte Internet haben. Ist es nicht irre, was man mittlerweile alles im Internet machen kann? Es fängt ganz klassisch an: Filme und Musik kauft man sich mittlerweile per Download oder *"on demand"*, selbst mehrere Gigabyte große Computerspiele holt man sich gegen Bezahlung auf legalen Downloadplattformen, anstatt sich die schmucke Packung ins Regal zu stellen. Nach anfänglichen Startschwierigkeiten vor einigen Jahren boomt mittlerweile auch der Markt der eBooks, also der Bücher per Download - und das nicht erst, seit Amazon mit dem Kindle kam. Aber da geht noch so viel mehr. Man kann sich sein individuell gemischtes Müsli, seine persönliche Schokoladensorte oder seinen selbst zusammengemixten Saft online ordern. Hochwertiges Fleisch, maßgeschneiderte Kleidung, individuell bedruckte T-Shirts... von den alten Fotobüchern möchte ich gar nicht reden. Irgendwie ist es doch klar, dass der

Einzelhandel da stagniert. Und das Schlimmste ist: Jeder besitzt ein Smartphone und für jeden Mist gibt es mittlerweile eine App.

Eben jene Smartphones sind gerade uns in einem Elektrofachmarkt ein Dorn im Auge. Nicht, dass wir etwas zu verbergen hätten... aber dank Smartphones und solch grandioser Apps wie einem Barcode-Scanner wird der Preisvergleich für den modernen Kunden noch viel einfacher. Einfach den 13-stelligen EAN-Code auf der Verpackung mit der integrierten Kamera abscannen und schon spuckt das Smartphone aus, was das Produkt des Begehrens woanders kostet. Der erste Gang nach diesem schnellen Handgriff im Regal führt natürlich zum nächstbesten Mitarbeiter, wo dann die alles entscheidende Behauptung ausgesprochen wird: *"Im Internet kostet das aber viel weniger!"*

Stimmt! Naja, nicht immer. Aber häufig genug. Tatsächlich sind gerade im Bereich der Elektrogeräte und der Unterhaltungselektronik viele Online-Händler preislich besser aufgestellt, als es der Einzelhandel ist. Das liegt nicht daran, dass der Einzelhandel das nicht will, er *kann* schlicht und einfach nicht. Die Erklärung ist ebenso simpel wie einleuchtend. Ein Internethändler - nehmen wir als prominentestes Beispiel einfach mal Amazon - hat als potentielles Einzugsgebiet im Prinzip ganz Deutschland. Dementsprechend hat Amazon auch sehr viele Kunden, weshalb der Händler größere Mengen eines Produktes ordern kann und muss, um die Nachfrage zu decken. Ordert er eine große Menge, hagelt es Rabatte und Sonderkonditionen, die ein kleiner Fachmarkt mit vielleicht 20 Filialen deutschlandweit nicht in dieser Höhe erhält. Hinzu kommt natürlich, dass der Fachmarkt höhere Mietkosten, Kosten für Werbung, Mitarbeiter, psychologische Betreuung nach dem letzten verkaufsoffenen - ach so, hatten wir schon? - naja, und dergleichen eben hat, während der Onlinehändler irgendwo seine große, spartanische Turnhalle stehen hat, in der 30.000 Artikel lagern und Ernie und Bert das Zeug auf den Laster hieven, wo es dann zum Konsumenten getuckert wird. Überspitzt formuliert, natürlich. Okay, das war jetzt etwas viel Theorie, Sie dürfen kurz das Fenster aufmachen und lüften. Aber verstanden haben Sie's, ja?

Den Haken an dieser ganzen Smartphone-Geschichte haben Sie aber mittlerweile erkannt? Die zahlreichen Barcode-Apps vergleichen den Ladenpreis in unserem Regal mit dem Preis eines Online-Händlers. Und da ziehen wir fast immer den Kürzeren. *"Äpfel mit Birnen"*, würde der Mann am Obststand sagen. Die App sagt Ihnen aber meist nicht, was das Gerät beim Mitbewerber in der nächsten Stadt kostet. Warum auch, der Preis ist meistens derselbe. Sehen Sie, nicht nur Sie vergleichen Preise, wir tun das auch.

Immer mehr Händler versuchen sich jetzt darauf zu fokussieren, den Kunden mit Service und Beratungsqualität zu überzeugen. Und das funktioniert meistens und sorgt dafür, dass der Kunde dann auch gerne bereit ist, etwas mehr zu bezahlen. Es ist doch meist schöner, wenn man vor Ort einen Ansprechpartner hat, falls der neue Fernseher einfach nicht laufen will. Das war das Wort zum Sonn-Hashtag. So, und nun entschuldigen Sie mich kurz, mein Smartphone appt.

Klugscheißer-Wissen: Im Jahr 2015 gaben 76 Prozent aller Bundesbürger ab 14 Jahren an, zumindest ab und zu einen Film oder eine Serie „on demand", also über ein Streaming-Portal zu sehen.

Hoch die Hände…

Endlich Wochenende. Das denken sich die meisten Arbeitnehmer, wenn Sie am Freitagabend – oder gar am frühen Freitagnachmittag – den Arbeitsplatz verlassen und nach Hause gurken. Nun, im Einzelhandel ist das meist ein wenig anders. Wenn ich da Freitagabend eine WhatsApp eines Kumpels erhalte mit den Worten *„Endlich Wochenende, und was machst du heute Abend so?"*, stehe ich meistens noch bis 20 Uhr in der Abteilung hinter dem Infotresen und überlege angestrengt, wie ich besagten Kumpel für diese Aussage leise und effizient umbringen kann. Ein gut gemeinter Tipp für Sie: Fragen Sie niemals einen Menschen, der im Einzelhandel arbeitet, ob sie sich am Samstag treffen wollen. Sie könnten als Antwort so etwas bekommen wie *„Klar, gerne. Womit? Faust oder Schusswaffe?"*. Noch schlimmer wird es, wenn auf den Donnerstag ein Feiertag fällt und sich die Hälfte der Bevölkerung den Freitag – Nomen est Omen – frei genommen hat. Wenn Sie dann eine Kurznachricht erhalten mit den Worten *„Boah, soooo geil, Brückentag. Hast du auch ein langes Wochenende?"*, dann genügt bloßes, einmaliges Umbringen nicht. Dann wollen Sie den Kumpel solange umbringen, bis er tot ist.

Je nachdem, wo der gemeine Einzelhändler seinen Dienst verrichtet, ist es nicht unüblich, an zwei oder gar drei Samstagen im Monat teils bis 20 Uhr arbeiten zu müssen. So ist das eben im Einzelhandel, dafür gibt's unter der Woche meist einen freien Tag. So oder so haben Einzelhändler von ihrem Wochenende üblicherweise nicht so viel, wie viele andere Arbeitnehmer. Und so saß ich auch an diesem Samstagmorgen um kurz nach acht in meinem Auto auf dem Weg zur Arbeit. Der Radiomoderator, der, wie ich, Frühschicht hatte, ließ wieder einmal diesen wundervollen Satz fallen:

„Schönes Wochenende! Drehen Sie sich einfach nochmal im Bett rum, es ist Samstag."

Leise und effizient? Nein, dem wollte ich einfach nur eine aufs Maul geben, dass es klatscht. Pardon.

Ich kam etwas früher als notwendig auf dem Parkplatz hinter unserem Fachmarkt an und sah noch bevor ich aus dem Auto ausstieg einige Kollegen, die ebenfalls schon vor dem Personaleingang warteten und noch ein bisschen plauderten. Mit dem am Samstag besonders motiviert klingenden *„Guten Morgen"* stellte ich mich dazu. Die morgendliche Konversation kurz vor Arbeitsbeginn beschränkte sich dabei im Wesentlichen auf unterschiedliche Varianten der übereinstimmenden Aussage, wie wenig Lust wir heute mal wieder hatten. In einigen Metern Entfernung lief eine weitere Kollegin an uns vorbei, die sich im angrenzenden Supermarkt wohl noch einen Kaffee holen wollte. Zügigen Schrittes in Richtung Supermarkt-Kaffee laufend winkte sie uns zu und grüßte uns gut hörbar:

„Guten Morgen, Tobi! Guten Morgen, Simon! Guten Morgen, Steffi! Bis gla-heich!"

Wir blickten uns irritiert ob der überraschend guten Laune unserer Kollegin an und zuckten mit den Schultern. *„Immerhin kennt sie unsere Namen noch – das ist ja in ihrem Alter nicht mehr selbstverständlich"*, sagte Simon trocken. Steffi konterte: *„Hast Recht, Detlef!"*

Einige Minuten später befand ich mich auch schon am Infopunkt unserer Abteilung. Simon sorgte dafür, dass die Angebotsschilder alle aufgestellt waren, während ich den PC startete und die eingegangenen Mails checkte. Es waren nur noch wenige Minuten bis neun Uhr. Für gewöhnlich war so eine Samstagsschicht nicht mehr und nicht weniger anstrengend, als unter der Woche. Jedoch verschoben sich die Stoßzeiten ein wenig. Hatten wir wochentags eher am späten Nachmittag und frühen Abend mit einer höheren Kundenfrequenz zu kämpfen, waren es samstags eher der Vormittag und der frühe Nachmittag, an dem mehr los war. Aber ich war ja nicht allein. Simon war da und gemeinsam würden wir die komischen Menschen schon vergraulen. Typische Samstagmorgen-Stimmung eben.

Gleich der erste Kunde brachte mich schon wieder an den Rand der Verzweiflung…

„Servus Massder... ich hädd amol a Frach zu die Recei-ver!", schallte es mir eloquent entgegen.

Zu Deutsch etwa: *„Ich grüße Sie, Herr Fachberater. Mir brennt eine Frage zu den externen TV-Empfangsgeräten auf der Seele."*

„Jo, da müssten Sie mal bitte hinter in die TV-Abteilung zum Kollegen, der kennt sich da aus."

„Weecher Receiver?"
(dt.: *„Für eine Frage zu externen TV-Empfangsgeräten?"*)

„Ehm... ja?", entgegnete ich verunsichert.

„In die Fernseh-Abdeilung?", fragte der unrasierte Mann.

„Ich weiß ja nicht, wo Ihr Receiver hängt? Meiner hängt am Fernseher. Wenn Ihrer am Bügeleisen hängt, kann ich Ihnen die Frage vermutlich auch beantworten."

Der Mann nickte und ging wortlos eine Abteilung weiter. Mir schien, als hätte ihn meine freundlich-bestimmte Argumentation davon überzeugt, dass er hier bei mir falsch war. Also, entweder das oder das große Schild an unserem Infopunkt mit der Aufschrift „Computer". Irgendwie kam mir diese Samstagsschicht jetzt schon wie ein stimmiger Vorgeschmack auf den nächsten verkaufsoffenen Sonntag vor. Warum habe ich eigentlich nicht mit *„Der Wahnsinn hat Frühschicht!"*

angefangen? Das hätte rückwirkend viel mehr Sinn gemacht. Naja.

Nun habe ich Ihnen ja bereits davon erzählt, dass es so allerlei unterschiedliche Kundentypen gibt, die sich alle ein wenig in ihrer Aussprache und Handhabung – wenn Sie so wollen – unterscheiden. Aber dann gibt es auch noch eine spezielle Gattung an Kunden, die für sich selbst steht. Sozusagen *„Gottes besondere Geschöpfe"* in Bezug auf den Einzelhandel.

Einem dieser besonderen Geschöpfe begegnete ich im Verkaufsgespräch zu einem neuen Business-Notebook. Der Kunde, ein adrett gekleideter Herr Mitte 40 im weißen Hemd auf schwarzer Hose, machte einen geschäftigen Eindruck und war auch nicht auf den Mund gefallen. Man könnte also sagen, es war ein Gespräch auf Augenhöhe. Es dauerte einige Minuten, bis ich den guten Mann und sein zukünftiges Notebook miteinander verkuppelt hatte, aber letztendlich gelang es mir, dem Geschäftsmann ein neues Gerät zu verkaufen. Ich packte also das Notebook aus dem Regal und ging damit an unseren Infotresen.

„Schreiben's mir bitte gleich eine Rechnung dafür raus? Das kann ich absetzen."

Ich nickte. Auch das sollte kein Problem für mich darstellen. Während ich also begann, an meinem PC zu klicken und zu tippen, lehnte sich mein Kunde mit dem Arm auf den Tresen und sagte wie selbstverständlich

„Jetzt machen's mer noch ann' guten Preis und dann simmer beide glücklich."

Unbeirrt tippte ich meine Rechnung weiter, druckte sie aus und legte sie dem Kunden vor.

„599 Euro? Des is' doch der Preis, der aufm Preisschild steht!", wunderte sich mein Kunde.

„Joa", entgegnete ich unbeeindruckt, *„ist `n guter Preis!"*

Mein Kunde beugte sich nun noch ein bisschen weiter über den Infotresen in meine Richtung, griff dabei mit der rechten Hand in seine linke Brusttasche und fummelte eine Visitenkarte hervor. *„Wissen Sie eigentlich, woher ich bin?"*, fragte er ruhig und höflich. Er legte die Visitenkarte auf den Tresen und schob sie langsam in meine Richtung, während er voller Überzeugung sagte:

„Ich bin fei vo' Siemens!"

Unbeeindruckt blickte ich nach unten auf den Tresen und begutachtete die mintgrüne Schrift des Logos auf der Visitenkarte. Dann hob ich meinen Blick langsam an, schaute in das vor Überzeugung triefende Gesicht meines Kunden, und blickte wieder zurück auf die Visitenkarte. Plötzlich drehte ich meinen Kopf zur Seite und rief laut in den Markt hinein:

„Simon! SIIIIMON!! Wir brauchen den Gebetsteppich und die Tänzerinnen, da is' wieder einer vo' Siemens!!!"

Mein Kunde zuckte erschrocken zusammen und riss die Augen auf. Ich grinste ihn an, lehnte mich nun meinerseits über den Tresen und sagte in ruhigem und bestimmtem Ton:

„Es ist offen gesagt völlig irrelevant, ob Sie bei Siemens, bei Bosch, bei Brose, bei IKEA, bei Audi oder bei Brot für die Welt arbeiten… der Laptop kostet 599 Euro. Ist `n guter Preis."

Der Mann steckte seine Visitenkarte weg und flüsterte kleinlaut *„Ma' kann's ja mal probieren, ne?"*, ehe er den Rechnungsbeleg einmal der Breite nach faltete und mit dem Notebook unterm Arm in Richtung Kasse verschwand.

„Was war etz des?", fragte Simon, der gerade aus einer anderen Richtung zurück an den Infopunkt kam. *„Ach"*, sagte ich, *„es ist Samstag, die Siemensianer haben wieder Ausgang"*.

Lassen Sie mich kurz eine Lanze brechen, natürlich sind nicht alle Mitarbeiter von Siemens so drauf, wie dieses Muster-Exemplar. Da gibt's auch ganz andere, nette Versionen, die sich trotz ihres bundesweit bekannten, namhaften Arbeitgebers noch für einen Normalsterblichen halten und nicht wie selbstverständlich mit ihren Visitenkarten um sich werfen, um einen besseren Preis auszuhandeln. Und davon abgesehen erinnern Sie sich sicher dran: Der Ton macht die Musik.

Nein, ich hatte auch schon Mitarbeiter der Stadtwerke, großer lokaler Autohäuser oder anderer vermeintlich namhafter Örtlichkeiten, die ähnlich *„selbstbewusst"* aufgetreten sind und dabei genauso auf Granit gebissen haben, wie der Mann von Siemens. Es war auch ein bisschen unserer geographischen Lage geschuldet, dass wir bei einer Visitenkarte von Siemens besonders oft die Augen verdrehten. Hier, im ober-mittelfränkischen Grenzgebiet, war die Dichte von Siemens-Mitarbeitern einfach etwas höher, als andernorts. Und weil Ihnen das Autohaus Münzke vermutlich nicht annähernd so viel gesagt hätte, wie der Name eines weltweit bekannten Großkonzerns, werden Sie sicher verstehen, warum ich mich für dieses Beispiel entschieden habe. Ich liebe Sie trotzdem alle. Wirklich.

Klugscheißer-Wissen: Anders als im Fernsehen, wo die „Primetime", also die Hauptsendezeit, abends ab 20.15 Uhr gilt, ist die „Primetime" im Radio meist das Zeitfenster wochentags zwischen 6.00 Uhr und 9.00 Uhr morgens sowie zwischen 16.00 Uhr und 18.00 Uhr nachmittags. Da zu diesem Zeitpunkt die meisten Menschen auf dem Weg in die Arbeit oder nach Hause sind und im Auto Radio hören, wird die „Primetime" im Radio auch als „Drive Time" bezeichnet.

Ich bin doch nicht geil!

D er Wust an Elektro-Fachmärkten im Bundesgebiet ist manchmal nicht so leicht zu überblicken. Da gibt es Saturn, Media Markt (die gehören beide zusammen, aber psssscht!), Expert, Euronics, Electronic Partner, ProMarkt und viele mehr. Um Unterstellungen aus dem Weg zu gehen, ich würde für bestimmte Märkte Werbung betreiben, habe ich jetzt einfach mal alle gängigen Ketten genannt, die mir eingefallen sind. Im Zuge dieser buchstäblichen Marktüberflutung – in Erlangen beispielsweise gibt es einen Saturn und einen Media Markt. Hallo? - fällt es dem einfachen Kunden nicht immer leicht, über jede Werbeaktion den Überblick zu behalten, was mitunter zu kuriosen oder seltsamen Begebenheiten bei der Arbeit führt.

„Guten Tag, ich hätte gerne den MP3-Player aus ihrem Prospekt!"

„Wir haben diese Woche aber keinen MP3-Player im Werbe-Faltblatt."

„Erzählen Sie mir doch nichts. Ich habe es doch heute früh in der Zeitung gehabt!"

„Schauen Sie mal, das ist unser aktuelles Prospekt, da ist kein MP3-Player drin."

„Ach, Sie haben doch da das falsche Prospekt, ich meine doch das andere."

Ja, so etwas kommt tatsächlich vor, und nicht einmal selten. Kurios wird die Sache, wenn der Kunde, wie im Beispiel eben, der festen Überzeugung ist, er hätte sehr wohl das richtige Prospekt gehabt, nur wir hätten das Falsche. Sie erinnern sich an den Zonk?

„Döööööooouuuhhh!!"

Mit Werbe-Prospekten ist das ohnehin so eine Sache. Natürlich behalten wir die Werbung der Mitbewerber – Konkurrenz sagt man da nicht, das ist ein Pfui-Wort und klingt nach Hauen und Stechen – stets im Auge. Und wenn einer der Märkte in den umliegenden 20 Kilometern einen Prospekt veröffentlicht, gleichen wir diese Preise, kundenfreundlich und wettbewerbsgeil wie wir nun mal sind, bei uns an. Wenn also der Canon-Drucker im Saturn in Nürnberg diese Woche nur 69 statt 89 Euro kostet, dann kostet er das auch bei uns. Das tut zwar manchmal so richtig weh, beispielsweise wenn ein Mitbewerber ein Set Lautsprecherboxen von 89 auf 29 Euro reduziert und damit deutlich unter dem Einkaufspreis verkauft, aber wenn auch nur ein Kunde zu mir in den Markt kommt und diesen Preis bei uns nicht findet, kauft er die Boxen und demnächst vielleicht auch seinen Fernseher woanders. Wie schon im Fall des Ausstellungsstücks erwähnt, nehmen Kaufleute auch einen Verlust in Kauf, wenn sie dafür Kunden an das Geschäft binden können. Ich habe es zu Beginn meiner Tätigkeit, statt einen Verlust in Kauf zu nehmen, einfach mal mit einer Rolle Panzerband versucht und den Kunden an unseren Infopunkt gepappt, man teilte mir jedoch sehr schnell mit, dass das mit der Kundenbindung anders gemeint war. Anfängerfehler.

Nun gehört der Markt, in dem ich arbeitete, zu einer eher kleinen Kette, die in Deutschland nicht so viele Filialen hat, wie prominentere Vertreter dieser Gattung. Wir haben einen Online-Auftritt und wir haben unsere Werbeprospekte. Fernsehwerbung wäre sinnlos und auch Radiowerbung ist in gewissem Umfang uninteressant, gibt es uns doch selbst in manchen Bundesländern nur ein Mal. Insofern ist es immer wieder sehr erheiternd, wenn sich Kunden in Bezug auf unsere Angebote auf einen Radio- oder Fernsehspot unserer Kette beziehen.

„Grüß Gott. Bei Ihnen gibt es doch diese Woche 20 Prozent auf alle Fernseher."

„Äh, nein, da müssen Sie sich irren, das gibt es bei uns nicht."

„Ach natürlich, ich hab das doch heute früh erst gesehen."

„Wir haben derzeit keine Rabatt-Aktion. Wo haben Sie das denn gesehen?"

„Na in ihrem Fernsehspot heute früh. 20 Prozent auf Fernseher. Nur bis Samstag."

„Entschuldigung, aber wir haben keinen Fernsehspot."

„Na freilich, ich hab ihn doch heute früh gesehen."

„Saturn hat im Moment eine solche Aktion, aber nicht wir."

„Ja freilich, Saturn. Ich bin wohl hier nicht bei Saturn???"

Eine so genannte Corporate Identity ist was Schönes, nicht? Die legt fest, wie unser sehr, sehr großes, an der Außenfassade unseres Marktes hängendes, nachts beleuchtetes Logo aussieht, welche Farbe unsere Betriebskleidung hat und wie der Name unserer Firma ist. Selbst wenn dieser Kunde also farbenblind gewesen wäre und nicht erkannt hätte, dass unsere Hemden nicht schwarz-orange sind, hätte ihm das Logo an der Außenfassade deutlich machen müssen, dass wir nicht Saturn sind. Aber so etwas kommt vor. Immerhin hatte er nicht nach Außenbordmotoren gefragt.

Die Tatsache, dass wir nicht alleine sondern zusammen mit einem Baumarkt und einem großen Lebensmittel-Markt zusammen in einem Einkaufszentrum, neudeutsch Mall, saßen und auch noch unter dem Dach derselben Unternehmensgruppe firmierten, machte die Sache mit den Werbe-Verwechslungen zugegebenermaßen nicht immer einfacher. Sobald der Lebensmittel-Markt nebenan als Aktion einen Wasserkocher oder eine Computer-Maus im Angebot hatte, ging das Chaos jedes Mal aufs Neue los. Erklären Sie mal einem Kunden, dass der Wasserkocher nicht bei uns sondern im Supermarkt nebenan im Angebot ist. Im Supermarkt, der auch noch ein Logo trägt, das dieselbe Form besitzt, wie das Unsere und sich nur in der Farbgebung von unserem Fachmarkt unterscheidet. Ne, das ist kein Spaß. Stellenweise fragten die Kunden sogar im Elektro-Fachmarkt nach der Stichsäge aus dem Prospekt des Baumarkts – selbes Problem wie mit dem Supermarkt. Das hatte irgendjemand damals bei der Firmengründung nicht zu Ende gedacht.

Schlimm wird es dann, wenn nicht einmal mehr die eigenen Kollegen wissen, was denn jetzt genau in der Werbung steht. Auch das gibt es. Vor einiger Zeit gab unsere Tonträger-Abteilung auf jede Spielekonsole und jedes Videospiel pauschal zehn Prozent Rabatt, entsprechend groß wurde das auch in unserem Faltblatt beworben. Etwas ungläubig war ich deshalb auch, als eine Kundin mit ihrer nagelneuen Wii-Konsole unter dem Arm irritiert zu mir an die Info kam und sagte, ich solle doch mal bitte an die Kasse mitkommen, unsere Kassiererin würde ihr das mit dem Rabatt nicht glauben. Mit dem Werbeblatt im Anschlag und zugegebenermaßen leicht ungläubig wanderte ich an Kasse 1 und hielt der Kollegin kommentarlos und mit einem kleinen Grinsen das Werbeblatt unter die Nase.

„Okay, okay, ich glaubs dir ja", hörte ich nur.

Hausaufgaben nicht gemacht, wie? Stellen Sie sich mal vor, Ihr Italiener würde Sie bei der Bestellung fragen, was diese "Gnotschi" sind, die Sie gerne hätten. Man sieht sich doch mal das Werbeblatt der Firma, in der man arbeitet, an – auch wenn man „nur" an der Kasse sitzt, ohne den großen Dienst unserer Kassiererinnen jetzt zu schmälern. Naja, genug drauf rumgeritten. Ich persönlich würde einen Schreikrampf kriegen, würde ich permanent an der Kasse sitzen und ständig nur Piep, piep, piep hören. Aber das ist ein anderes Thema.

Klugscheißer-Wissen: *In einer Spezial-Ausgabe von „Geh aufs Ganze" gab es einen verrückten Regeltwist. Während die Kandidaten, die den roten „Zonk" bekamen, üblicherweise ausschieden und nur die Gewinner einer Spielrunde ins Finale kamen, war in dieser Spezial-Sendung alles etwas anders. Zwar konnten die Kandidaten in den einzelnen Spielrunden, wie auch sonst üblich, Sach- oder Geldpreise gewinnen, jedoch kamen in dieser Folge nur die Kandidaten ins Finale, die ihre Spielrunde verloren hatten und den diesmal grün gefärbten „Zonk" fanden.*

Der grüne „Zonk" hieß im übrigen „Knoz" – also „Zonk" rückwärts. Die 90er waren schon verrückt…

Alarm, der Gauner rennt!

Wo wir gerade bei Piep, piep, piep sind: Eine herrliche Abwechslung zum manchmal öden Verkaufs-Einerlei sind zwischenzeitliche Piep- oder Sirenentöne unterschiedlichster Intonation. Die sorgen stets für Spaß und Action im Regiment. Und in so einem Elektrofachmarkt gibt es viele Dinge, die piepen können, nicht nur der eigene Vogel.

Fangen wir mal harmlos an. Die bei uns ausgestellten Notebooks sind mit einem Alarmsystem gesichert, das einen ohrenbetäubenden, hohen und durchgängigen Piepton auslöst, sobald sich ein Vorführgerät weiter als zwei Meter von seinem Bestimmungsort entfernt. Das ist definitiv einer der heftigsten Töne, die es an meinem Arbeitsplatz gibt und er sorgt regelmäßig dafür, dass die Kollegen händeringend nach dem kleinen schwarzen Kästchen suchen, mit dem sich der Ton abstellen lässt, während sich die Kunden im Markt konsequent und mit einem zerknirschten Gesichtsausdruck die Zeigefinger in die Ohren dübeln. Schrillt dieses Alarmsignal länger als eine halbe Minute, können Sie davon ausgehen, dass alle Kollegen der umliegenden Abteilungen bis zum Feierabend einen leichten Tinnitus haben.

Die verpackten Notebooks sind wiederum anders gesichert. Die Kartons werden von uns wie mit einem Ge-

schenkband in ein reißfestes Kunststoff-Band einge-
schweißt, woran wiederum ein kleines, rot-schwarzes
Gerät angeklemmt wird. Dieses Gerät beginnt sofort,
ein nerviges Dreifach-Piepsen abzusondern, sobald sich
der Druck oder Zug auf das Band verändert oder es gar
durchgeschnitten wird.

Dieses Piepen kann nur gestoppt werden, in dem wir
das kleine Gerät mit einem noch kleineren Gerät entsi-
chern. Dieses noch kleinere Gerät wurde allerdings von
irgendeinem hochintelligenten Menschen an unserem
Infopunkt festgekettet – damit es nicht verloren geht.
Klasse Idee! Im Umkehrschluss heißt das, jedes piep-
sende Notebook muss erst quer durch die Abteilung
gewuchtet werden, um dem Piepsen ein Ende zu setzen. Soweit, so kompliziert. Leider entpuppten sich
diese rot-schwarzen Sicherungen mit der Zeit als extrem
empfindlich auf jegliche Art von Bewegung. Räumten
wir also die Notebooks ein bisschen um, schlichteten
neue Geräte drauf oder schaute sich ein Kunde die Spe-
zifikationen des Geräts genauer an und drehte den Karton, gingen die Dinger sofort los. Auf dem Weg zum
piepsenden Notebook schocke ich den verwirrten Kunden, der den Alarm auslöste, meistens mit einem ener-
gisch gebrummten *„So, wer klaut hier?"* oder, bei besse-
rer Laune, mit *"Ich möchte Ihnen nicht zu nahe treten, aber
bei Ihnen piept's!"*. Und ja, Sie haben das richtig bemerkt,
der Kunde bleibt kurioserweise vor dem piepsenden
Karton stehen. Nur die wenigsten rennen zügig in einen

anderen Gang. Warum? Ich gebe zu, klar, es ist ein empfindlicher Mechanismus, es geht mehrmals täglich los. Aber warum bleiben die Kunden vor einem alarmierend piepsenden Karton stehen? Da könnte in zehn Sekunden eine Farbbombe losgehen, man weiß es doch nicht. Die ruhmreiche Ausnahme sind in diesem Fall Kunden, die sich den piepsenden Karton unter den Arm klemmen, eilig zur Kasse hasten und dem verwirrten Fachberater mit dem angeketteten Entsicherungs-Nubbsi in der Hand noch zurufen: *„Ich kaufs eh!"*. Soll mein Schaden nicht sein.

Eines der häufigsten Alarmsignale in einem Elektro-Fachmarkt lösen diese schulterhohen Metallbögen hinter den Kassen aus. Diese eindrucksvollen Bauwerke scannen die hoffentlich bezahlte Ware in den Tüten und Taschen auf versteckte Metalletiketten, die, soweit nicht von unseren Kassierern entmagnetisiert, sofort einen schrillen und ohrenbetäubend lauten Sirenenton auslösen. Ich stand einmal ganz vorne an der Hauptinformation, als dieses Ding losging, und fühlte mich wie Michael J. Fox in der ersten Szene von *„Zurück in die Zukunft"*, in der er von einem voll aufgedrehten Subwoofer durch die Garage katapultiert wird - Klasse Film übrigens. Wie die Kolleginnen an der Hauptinformation das gut ein Dutzend Mal am Tag aushalten, ist mir persönlich ein Rätsel. Eines haben aber alle Alarmsysteme gemeinsam: Ich habe noch nie erlebt, dass wir durch sie einen Dieb erwischt hätten. Gehen diese Dinger los, waren es meistens nur unachtsame Kunden, die sich ein Gerät von allen Seiten anschauen wollten, ein Metalletikett, das nicht komplett entsichert wurde oder gar nur ein lauer Windstoß, der unsere hochsensiblen Notebook-Sicherungen auslöste.

Es gibt aber auch noch einen Alarm der etwas anderen Art. Der Supermarkt und der Baumarkt nebenan verfügen zusammen mit unserem Elektro-Fachmarkt über ein einheitliches Alarmsystem für besonders schwerwiegende Situationen. Dieses Alarmsystem ist mit Zahlenfolgen codiert, um die Kunden nicht eher als nötig in Panik zu versetzen. Brennt also irgendwo im Gebäude ein Lagerraum lichterloh, bemerkt ein Mitarbeiter eine bedenkliche Rauchentwicklung oder kippt ein Kunde plötzlich um, so erklingt über die Lautsprecher im gesamten Markt in Endlosschleife die Durchsage *„Mayday 300, Mayday 300, Mayday 300, Mayday 300"*.

Wie schon gesagt, die Kunden wissen in aller Regel nicht, was das bedeutet. Unsere Marktleiter oder unsere Ersthelfer sieht man dann aber in dieser Situation meist enorm hektisch durch die Gänge rennen. Einmal setzte eben jene Alarmdurchsage just in dem Moment ein, in dem ich meine Schicht begann und mich in der Umkleide in mein Arbeitshemd kämpfte.

Etwas irritiert fragte ich meinen Kollegen:

„Was meinst du, soll ich mich trotzdem noch umziehen oder rennen wir gleich raus?"

Eines hat dieser codierte Feueralarm aber mit unseren Diebstahlsicherungen gemeinsam: Ich habe noch nie erlebt, dass es bei „*Mayday 300*" wirklich gebrannt hätte.

Klugscheißer-Wissen: *2017 sorgten Diebstähle im Einzelhandel für einen Gesamtverlust von 3,5 Milliarden Euro. Das kann man jetzt auch nicht mit einem Gag schönreden. Warten Sie, ich versuche es…*

„Warum ist Viagra in Polen verboten? Weil dort alles, was länger als zehn Minuten steht, gestohlen wird."

Hab's Ihnen gleich gesagt, geht nicht.

„I think, I spider!"

Mit Kunden, die der deutschen Sprache nicht mächtig sind, ist das so eine Sache, Sie haben es ja sicher schon im Kapitel über die Anrede gelesen. Mein Kollege aus dem TV-Bereich erlebte hierzu Denkwürdiges. Ein Handwerker aus Rumänien, der der deutschen Sprache leider so gar nicht mächtig war, wollte auf dem Heimweg von der Montage einen reduzierten Fernseher kaufen, den er bei uns gesehen hatte. Er baute sich also vor meinem Kollegen auf, verzichtete auf jegliche dahin gestammelte Grußfloskel und brachte sein Bedürfnis fulminant auf den Punkt:

„Da, Ti-Vi!"

Mein Kollege schaute den Mann etwas ahnungslos an, die umfassende Erklärung des Kunden folgte jedoch auf dem Fuße:

„Da, Ti-Vi!"

Kurzentschlossen begleitete mein Kollege den wortgewandten Kunden zum Objekt der Begierde. Beim Fernseher angekommen drehte sich der Kunde um, blickte abermals meinen Kollegen an und forderte unmissverständlich aber mit einem Lächeln auf den Lippen, Sie ahnen es:

„Da, Ti-Vi!"

Mein werter Kollege wollte nun dennoch erst einmal wissen, ob der Mann zu dem Gerät Fragen hatte oder es tatsächlich gleich mitnehmen wollte.

„Sprechen Sie Deutsch?"

Achselzucken.

„Englisch?"

Kopfschütteln.

Nun, das machte die Situation nicht einfacher, wenngleich durchaus interessanter. Es dauerte einige Minuten, bis mein Kollege pantomimisch in Erfahrung bringen konnte, dass der Mann das Gerät gleich mitnehmen wollte. Soweit, so gut. Schweißperlen auf der Stirn bekam mein Kollege dann aber, als ihm bewusst wurde, dass er dem Kunden ohne Worte erklären musste, wo sich denn die Warenausgabe unseres Marktes befand, nämlich auf der Rückseite des Gebäudes. Nach einigen Momenten Brainstorming entschied sich mein Kollege für eine Mischung aus simpelster Pantomime und rudimentärem Deutsch – vielleicht würde er ja die eine oder andere Vokabel dennoch verstehen.

„Au-to", sagte er und deutete mit seinen Händen eine Lenkbewegung an. Auf das Wort *„Fah-ren"* zeigte er dem Kunden mit großzügigen Lenk-Bewegungen, dass der Mann doch bitte einmal auf die Rückseite des Hauses fahren möge. *„Klin-geln"*, vervollständigte mein Kollege den Arbeitsablauf und imitierte mit seinem

Daumen eine Knopfdruck-Bewegung. Ein engagiertes Nicken und zwei „Da!" später verließ der Kunde mit dem Warenbegleitschein in der Hand und um fast 500 Euro erleichtert den Markt. Gerüchten zufolge soll er die Warenausgabe tatsächlich gefunden haben. Damit hatten in der Vergangenheit sogar deutschsprachige Kunden so ihre Probleme. Auf die Erklärung

„So, Sie fahren dann einmal um das Gebäude 'rum, auf der Rückseite sehen Sie ein rotes Rolltor mit der Aufschrift 'Warenausgabe', da klingeln Sie dann bitte."

folgt immer wieder gerne die Frage *„Kann man da mit dem Auto hinfahren?"*. Ungeachtet der Tatsache, dass das Wörtchen *"fahren"* Teil der Wegbeschreibung war, hätte so mancher Kollege bei dieser Rückfrage gerne einen Trageriemen aus dem Schrank gezogen und ihn dem Kunden mit einem überzeugten *„Nein!"* übergeben. Aber das wäre ja gehässig. Obwohl die Vorstellung, einen Trott Kunden mit Trageriemen und ihren neu erworbenen Waschmaschinen, Kühlschränken und Einbauherden über den kompletten Parkplatz kriechen zu sehen, in der einen oder anderen ruhigen Minute den Alltag eines jeden Fachberaters ungemein erheitert.

Im Übrigen schaffen es dennoch immer wieder einige Kunden, trotz der detaillierten Wegbeschreibung an der Warenannahme der benachbarten Großbäckerei zu stehen und irritiert nach ihrem Fernseher zu fragen.

Aber kommen wir zurück zu den Sprachbarrieren im Tagesgeschäft.

Etwas einfacher aber nicht minder uninteressant wird es, wenn die Herrschaften, die des Deutschen nicht mächtig sind, einen Dolmetscher dabei haben. Meist ist das dann ein Landsmann, der neben der Muttersprache auch der deutschen Sprache recht ordentlich bewandert ist – bei türkischen Familien sind das übrigens meistens die Kinder und das ist kein gehässiges Klischee, ich habe nichts gegen Ausländer. Oftmals erlebte ich diese Konstellation bei den eben genannten Türken aber auch bei Tschechen, Polen, auch ein Holländer war mal dabei - so unlogisch das klingen mag - und bei Amerikanern. Richtig gelesen, ich hatte auch schon amerikanische Kunden, die einen bilingual aktiven Kollegen mitbrachten, der mir dann das auf Deutsch erzählte, was der gute Mann auf Englisch gerne haben wollte. Ich finde es fast schon belustigend, dass manche Amerikaner denken, wir Deutschen hätten von der Weltsprache Englisch – Entschuldigung an alle, die Esperanto sprechen – noch nie etwas gehört, geschweige denn könnten wir sie verstehen. Andererseits denken manche US-Amerikaner bis heute, bei uns wäre Hitler noch an der Macht. Das ist dann allerdings weniger belustigend.

Ebenso wenig belustigend ist es auch, wenn die deutsche Übersetzung von

„I think, this freakin' asshole has no fucking clue, what he's talking about"

schlicht und einfach *„Ja, er will sich das nochmal in Ruhe überlegen, vielen Dank erst mal"* lautet. Da würde man doch am liebsten mal auf Englisch zurück fluchen.

„You son of a bitch, do you think I'm stupid? I understand every fucking word that's coming out of your mouth so shut the fuck up and go gefälligst to the andere Fachmarkt, they really don't speak English there! Don't bring me on the Palme!

Aber hey, ich bin ja gut erzogen.

Interessant war eine Begegnung mit zwei polnischen Kunden, die in unserer Tonträger-Abteilung gerne die aktuelle CD einer auch im Ausland populären deutschen Band gekauft hätten. Der Abteilungsleiter eben jener Abteilung bat mich dann um linguistische Hilfe – er war des Englischen tatsächlich nicht allzu mächtig – um den beiden polnischen Kunden zu erklären, warum er ihnen für diese CD einen speziellen Warenbegleitschein ausstellen musste. Tja, nun erklären Sie mal zwei Polen, warum deutsche Behörden die CD einer deutschen Band, die dazu noch international höchst erfolgreich ist, in wenigen Tagen auf den Index setzen.

„Why do we need this paper to buy the CD?"

„Well, in Germany, the CD has to be censored because of some explicit material on it! You will not be allowed to buy this one in a few days."

„Really?"

„Yeah, really... well, German politics..."

„That must be a joke. You Germans are a little sensitive. I mean, it's a band from Germany!"

„I know, yes... well... it's because of our history. Actually, German policy IS a little sensitive in these cases."

„You Germans are strange", lachte er und ging mit der bald indizierten CD davon. Mir fehlte in dieser spontanen Situation leider das englische Fachvokabular für *„Indizierung"* oder *„Genitalverstümmelung"*, um die näheren Umstände adäquat zu erläutern. Den Polen hat es gefreut, er hat die unzensierte CD noch bekommen... vermutlich gefällt sie ihm auch nur, *weil* er den deutschen Text nicht versteht. Vermutlich würde sie mir auch gefallen, wenn ich den Text nicht verstünde – aber das gehört nicht hier her.

Klugscheißer-Wissen: *Scherzfrage: Wie nennt man einen großen Felsblock, mit dem man gewaltsam eine Tür aufbrechen kann? Rammstein.*

Badumm-Tss!

Die nächste Generation

Wie meine persönliche Odyssee vom Einzelhandels-Azubi bis zum fertigen Frontschwein aussah, haben Sie ja bereits gelesen. Aber aus Unternehmersicht betrachtet sind Azubis etwas richtig Tolles. Sie sind jung, motiviert und … ach, naja, sie sind jung. Sie stehen am Anfang ihrer Laufbahn, lernen alles von der Pike auf – an alle Trekkies: Das hat nichts mit Christopher Pike zu tun – und sind bis zu einem gewissen Grad noch formbar. Bis es eben knackt. Und jeder Arbeitgeber will sich seine Azubis doch irgendwie ein bisschen so zurecht kneten, dass sie gut ins eigene Geschäft passen. Darüber hinaus kosten Azubis, ganz pragmatisch betrachtet, natürlich nicht annähernd so viel Geld wie eine ausgelernte Vollzeitkraft. Man sollte also meinen, dass der geneigte Unternehmer an sich nur Vorteile daraus zieht, ein bisschen junges Azubi-Gemüse unter die Angestellten zu mischen.

Dass die Beschäftigung von Azubis, gerade in einem Beruf mit viel Kundenkontakt, einige nicht von der Hand zu weisende Probleme mit sich bringen kann, wird dabei aber gerne ignoriert.

„Entschuldigung, wo haben Sie denn die Fernseher?"

„Ey Alde, guggst du hinten bei die Soundsysteme, kannste krass Fernseher auschecken tun. Ey, abba bloß nicht unter 4K. Ultra for life, yolo!"

Ach Nadir, gut, dass deine Probezeit noch läuft. So wird das nix.

Das Hauptproblem ist, dass die jungen Leute von heute, die Azubi-Generation RTL2, entweder komplett überfordert ist, wenn sie mit Kunden in Kontakt treten muss, oder völlig falsch mit ihnen umgeht. Wie Nadir. Wir haben ihn ins Lager gesteckt. Mit den Fahrern der einschlägigen Lieferdienste kann er gerne so reden, meinte Herr Kreutzer. Die dürften eher seine Kragenweite sein.

Schlagfertigkeit ist, neben vielen anderen Fertigkeiten, für den Kundenkontakt im Verkauf das A und O. Eigentlich sollte es dafür in der Berufsschule ein eigenes Fach geben. Aber gerade den jungen, schüchternen Azubis fehlt diese verbale Schlagfertigkeit leider allzu oft.

Wir selbst, also unsere Abteilung, hatten zu diesem Zeitpunkt leider keinen Azubi. Das war schade, so mussten sich Simon und ich morgens unseren Kaffee selbst holen. Aber im Groß- und Kleingerätebereich lernte seit einigen Wochen die 17-jährige Louisa, die mit ihrer Freundlichkeit und ihrer sympathischen Art bei den Kunden meist sehr gut ankam und sich auch schon einiges an Warenkenntnissen draufgepackt hatte. Ich fand es schön zu sehen, dass es auch heutzutage noch Azubis gab, die wirklich motiviert waren und Lust auf diesen Beruf hatten. Allerdings geriet Louisa regelmäßig etwas ins Rudern, wenn die Situation nicht nach Lehrbuch verlief.

Ein Herr mittleren Alters, vielleicht Anfang, Mitte 40, stolperte jüngst durch unsere Gänge und schien auf der Suche nach einem bestimmten Produkt zu sein. Als Michi, einer der Mitarbeiter unserer TV-Abteilung, an ihm vorbeilief, bat er kurzerhand um Hilfe.

„Ach, Entschuldigung, Sie arbeiten doch hier. Wo finde ich denn den Wasserkocher aus Ihrer Werbung?"

Louisa hatte aus der Ferne bereits erspäht, dass der Kunde scheinbar ein Produkt aus ihrem Warenbereich suchte, und lief auf die beiden zu. Michi bemerkte dies und ließ sich daher völlig unbewusst zu einer etwas unglücklichen Formulierung hinreißen.

„Schauen Sie einfach mal zu der jungen Kollegin, die holt Ihnen gerne einen runter."

Ehe Louisa oder der Kunde reagieren konnten, lief Michi auch schon davon. Louisa stand nun also vor dem Kunden, lief knallrot an und begann, verlegen zu grinsen. Dass die Wasserkocher noch auf einem hohen Regal im Lager standen und daher im Wortsinn erst runtergeholt werden mussten, entpuppte sich in diesem Moment als ungünstig für Louisas Situation. Unsere schüchterne Azubine stand wie angewurzelt da und wusste nicht, wie sie reagieren sollte, während sich der Kunde ebenfalls ein schelmisches Grinsen nicht verkneifen konnte.

Ich beobachtete die Szene von meinem Infopunkt auf der anderen Seite des Hauptgangs aus und hatte das Gefühl, ich müsste zu Hilfe eilen.

„Louisa! Komm, geh ins Lager und hol den Wasserkocher, ich hab derweil `n Auge auf die Abteilung!", rief ich.

„Dankeeeeee!", antwortete sie erleichtert und ging zügig ins Lager.

Der Kunde drehte sich zu mir um und nickte mir freundlich zu. *„Guten Morgen"*, erwiderte ich seinen wortlosen Gruß und konnte mir selbst ein Grinsen nicht verkneifen. Als Louisa wenige Augenblicke später wieder zurückkam und dem Kunden den Wasserkocher übergab, bedankte sich dieser mit den Worten

„Danke, sehr freundlich. Von Ihnen lass ich mir gerne wieder einen runterholen."

Er zwinkerte ihr grinsend zu und ging davon. Wieder stand Louisa da und wurde knallrot. Simon kam gerade aus seiner Pause zurück und rempelte mich unsanft an.

„Hab ich was verpasst?", fragte er.

„Unsere Azubine ist mal wieder eingefroren, wir müssen Sie wohl neu starten", sagte ich grinsend.

Ein wenig schade fand ich es schon, dass wir in der PC-Abteilung keinen Azubi hatten. Es hatte sich einfach niemand beworben, der sich mit Computern gut genug auskannte. Das dürfen Sie nicht falsch verstehen, natürlich werden den Azubis die fachspezifischen Warenkenntnisse an sich erst während der betrieblichen Ausbildung vermittelt. Jedoch ist es Quatsch, ein junges Mädel in die PC-Abteilung zu stecken, wenn sie sich vielleicht mit Fernsehern oder Fotoapparaten von Haus aus viel besser auskannte. Stellen Sie sich vor, man würde Daniela Katzenberger eine Quizshow moderieren lassen, obwohl Jörg Pilawa verfügbar wäre. Das wäre ja medialer Suizid!

Aber nicht nur in peinlichen oder zweideutigen Momenten sind unsere Frischlinge oftmals noch etwas überfordert, auch bei den schon vorher mehrfach vorgestellten Problemkunden geraten unsere Azubis schnell an die Grenze dessen, was sie verbal zu leisten imstande sind. Genauso wie ich damals merken sie heute, dass es in der Praxis, an der Feindlinie jenseits der Schützengräben, oftmals ganz anders zugeht, als es ihnen in der Berufsschule beigebracht wurde.

Dazu muss ich kurz etwas ausholen: Wissen Sie, wer in meiner Kindheit schuld war, wenn ich in Mathe eine 5 geschrieben hatte? Richtig, ich. Ich war schuld! Weil ich nicht gelernt hatte. Heute läuft das ja leider etwas anders. Wenn heute ein Kind eine schlechte Note schreibt, sind alle Schuld – außer dem Kind. Der Lehrer, die

Schule, die anderen Kinder, das Bildungssystem, das Fernsehen, das Wetter und die angespannte Lage im Nahen Osten. Nur das Kind eben nicht. Früher haben meine Eltern meinen Lehrer nicht zur Sau gemacht oder ihm mit dem Anwalt gedroht, wenn ich eine 5 hatte. Früher hab ich meinen Anschiss gekriegt und im Zweifelsfall noch Computer- und Fernsehverbot. Aber heute kann man doch dem Kind nicht die Schuld geben für eine schlechte Note, nein. Wieso auch? Der kleine, ADHS-geplagte, mit einer Lernschwäche diagnostizierte Timothy-Justin Höllermeier hat doch sein Möglichstes versucht. Das System ist einfach unfair zu ihm.

Ich schweife ab. Aber den Zynismus haben Sie alle bemerkt, ja?

Nachdem nun auch die Eltern der heutigen Generation tendenziell etwas überforderter sind, als es beispielsweise meine Eltern noch waren, geben die Erziehungsberechtigten heute eben einfach jedem die Schuld an potenziellen Schulproblemen ihres Kindes. Selbst, wenn diese Probleme noch gar nicht eingetreten sind. Vor einigen Wochen musste das unsere Azubine Steffi am eigenen Leib erfahren. Sie war gerade in unserer Software- und Tonträger-Abteilung im Einsatz, als eine besorgte Mutter ihre Hilfe benötigte.

„Hallo, Entschuldigung. Ich suche diese spezielle Erdkunde-Lernsoftware, die… Moment… ich habe mir das aufgeschrieben. Die braucht mein Sohn für die Schule."

Die Frau kramte etwas in ihrer Handtasche und holte schließlich einen handgeschriebenen Zettel heraus, während Steffi sich schon umschaute, ob nicht ein Kollege der Abteilung in der Nähe war. Dem war leider nicht so. Die Frau übergab Steffi den Zettel, Steffi tippte die Software in den Computer ein und drückte auf Enter.

„Mhh, das tut mir leid, die haben wir leider nicht vorrätig. Das wird nicht so oft gefragt bei uns. Ich kann Ihnen das Programm aber bestellen, wenn Sie möchten. Die wäre dann vermutlich Ende der Woche da.", sagte Steffi.

Wissen Sie, es gibt Momente, in denen unsere Azubis oder auch wir Angestellte einfach mal Mist bauen oder Fehler machen. Aber hier, in diesem Moment, hat Steffi, obwohl sie ihre Ausbildung erst vor einigen Wochen begonnen hatte, absolut alles richtig gemacht. Manchmal ist es aber egal, ob Sie alles richtig machen, denn manchmal sind unsere Kunden einfach Idioten.

„Wieso haben Sie denn das nicht da? Das ist ja eine Sauerei! Ich dachte, Sie sind ein Fachmarkt?"

„Ich bin kein Fachmarkt, ich bin eine Mitarbeiterin des Fachmarkts."

Dicke Eier, Steffi! Richtig dicke Eier! Ich weiß nicht, ob ich mich das getraut hätte.

„Jetzt werden Sie auch noch unverschämt, oder was? Das ist doch Standard-Sortiment!!!", schrie die Frau.

„Das ist bei uns kein Standard-Sortiment, das…"

„Mein Sohn schreibt am Donnerstag einen Test, da hilft ihm das Programm am Freitag nicht mehr!", schrie die Super-Mami weiter.

Steffi fiel nichts mehr ein, was sie hätte sagen können. Sie stand wie angewurzelt da. Jetzt war also der Punkt erreicht, an dem selbst eine abgebrühte Auszubildende wie Steffi nichts mehr zu entgegnen wusste. Noch ehe sie sich verbal irgendetwas hätte zurecht legen können, keifte die Frau weiter.

„SIE SIND SCHULD, WENN MEIN SOHN IN DER SCHULE DURCHFÄLLT! SIE ALLEIN!!!"

Die Mutter stiefelte mit wütenden Schritten aus dem Laden und schimpfte noch weiter, während mein Abteilungsleiter zu Steffi ging und sie versuchte, aufzubauen. Da kannst du als Auszubildender machen, was du willst – wenn so jemand kommt, gibt es wenige Menschen, die dem noch etwas entgegengesetzt hätten. Wenn Sie als Mitarbeiter mal von einem Kunden angeschrien wurden, dann verstehen Sie mich. Hinterher fallen Ihnen dann tausend Dinge ein, die Sie dem Kunden hätten an den Kopf werfen können. Aber in diesem Moment selbst sind Sie nur noch in Schockstarre ob so viel Unverfrorenheit und Respektlosigkeit. Ich kann Ihnen aber versichern, Steffi geht es gut und sie ist nach wie vor unsere Auszubildende in der Tonträger-Abteilung.

Simon und ich standen am Infopunkt und amüsierten uns zwischenzeitlich noch ein wenig über den Kunden, dem Louisa vorhin *„einen runtergeholt"* hatte, als Herr Kreutzer bei uns vorbeikam.

> *„Männer, ich habe eine gute Nachricht für euch. Ihr bekommt einen Azubi! Sehr talentierter, junger Mann. Freundlich, wortgewandt, der hat mir gut gefallen. Spricht gutes Deutsch, obwohl er nicht von hier kommt",* erklärte uns unser Marktleiter.

Simon freute sich diebisch über diese Neuigkeiten. Endlich einer, den er zum Bäcker schicken konnte, dachte er sich wohl.

> *„Wie heißt denn der Neue?",* fragte ich.

> *„Pavel",* antwortete Herr Kreutzer knapp.

Klugscheißer-Wissen: Mit über 23.000 neu abgeschlossenen Ausbildungsverträgen im Jahr 2018 gehört der Beruf Kaufmann/Kauffrau im Einzelhandel nach wie vor zu den Top 3-Ausbildungsberufen in ganz Deutschland.

Einmal mit Profis arbeiten...

Azubis, Praktikanten und so genannte Promoter haben eines gemeinsam: Sie verrichten Arbeit und kosten uns dafür nur wenig bis gar kein Geld. Konzentrieren wir uns also im Folgenden auf diejenigen, die für verrichtete Arbeit gar nichts kosten und das sind Praktikanten, meist im Rahmen eines Schulpraktikums, und eben jene Promoter. Promoter sind Menschen, die von Firmen wie Melitta, Rowenta, Nintendo oder Intel angestellt werden, um dann in den Flächenmärkten vor Ort bestimmte Produkte mit ihrem angeeigneten Fachwissen besonders wirksam an den Kunden zu bringen und dadurch vor Allem die Absatzzahlen der Produkte in unserem Markt zu steigern, auf denen ihr Firmenlogo klebt. Oder kurz gesagt: Diese Typen helfen uns, ihr eigenes Zeug zu verkaufen. Das Schöne an Promotern ist, dass sie meistens wirklich Ahnung von ihren Produkten haben. Meist sogar mehr als wir Fachberater. Das liegt einfach daran, dass diese Promoter sich nur mit ihren eigenen Produkten gut auskennen müssen, während unsereins zu jedem Produkt von jedem Hersteller in der Abteilung irgendetwas Intelligentes und auch noch möglichst der Wahrheit Entsprechendes parat haben muss. Im Allgemeinen genießen wir also die Anwesenheit dieser Promoter sehr, denn die Erfahrung zeigt, dass diese Menschen gerne auch dann aktiv mitarbeiten, wenn es gerade nicht um ein Produkt ihrer Firma geht. Nun, das müssen sie auch zwangsläufig. Stecken Sie sich doch das nächste Mal, wenn Sie einen Elektro-Fachmarkt besuchen, spaßeshalber ein Namensschild an die Brust. Ich garantiere Ihnen, dass Sie binnen zwei Minuten von einem anderen Kunden angesprochen werden. Und genauso geht es diesen Promotern, sie werden auf alles Mögliche von den Kunden angesprochen. Warum? Weil es den Kunden nicht interessiert, ob der Promoter nur Jura-Kaffeemaschinen bewirbt oder vielleicht sogar nur ein Mitarbeiter vom Supermarkt nebenan ist, der in seiner Pause was einkauft. Sie freuen sich einfach, dass sie eine Person mit Namensschild gefunden haben und fragen denjenigen dann sofort und ohne Rücksichtnahme über die Vorzüge der neuen Maschine von Krups aus. Jeder gut ausgebildete Promoter – das geht in einem Wochenendkurs! - steigt dann natürlich darauf ein, denn die Hauptsache ist, man hat einen Kunden. Die Kurve zum Produkt der eigenen Marke kriegt man dann im Lauf des Gesprächs schon irgendwie. Zumindest hoffen das die meisten Promoter.

Warum aber widme ich ein Teilkapitel dieses Werks nun den Promotern, habe ich ja scheinbar nichts Schlechtes über Sie zu erzählen? Doch, habe ich, Sie müssten mich doch mittlerweile besser kennen. Ausnahmen bestätigen auch in diesem Fall die Regel und die Ausnahme ist in unserer kleinen Geschichte ein Promoter der Firma Intel. Nun sind Promotion-Aktionen im PC-Bereich eher die Ausnahme. Da wird lieber die neue Dampfstation durch einen Promoter präsentiert, die TV-Abteilung holt sich eine Panasonic-Promoterin oder am Eingang werden mit den Kunden neue Sprudel-Yourself-Geschmacksrichtungen verkostet. Aufgrund dieser Seltenheit freuten wir uns in der Abteilung alle auf den Promoter von der Prozessor-Firma, der den Abverkauf der Notebooks etwas verbessern sollte. Wir erwarteten einen seriösen, nicht schlecht aussehenden, erwachsenen Mann, der mit seinen Fachkenntnissen gekonnt auf den Kunden eingehen konnte und ein souveränes Auftreten an den Tag legte. Was wir bekamen, war das krasse Gegenteil. Wir bekamen eine schlaksige Bohnenstange Mitte Zwanzig mit Brille, fahler Haut und einer Stimme auf halbem Weg zum Stimmbruch - wir bekamen einen Nerd!

Was ist nun ein Nerd? Nerd (gesprochen: *Nöhrd*; entspricht in etwa dem Geräusch eines vorbeifahrenden, hupenden Fahrzeugs - *„Nööhrd!"* - nicht zu verwechseln mit dem Zonk – *„Dööööööooouuuhhh!!"*), das ist im umgangssprachlichen Neudeutsch ein junger Mann, der durch keinen nennenswerten Erfolg in seinem bisherigen Leben aufgefallen ist, für gewöhnlich seit ewigen Zeiten keine Freundin hatte, soziale Kontakte meidet und nur eine Sache hat, mit der er sich brüstet: sein unfehlbares, detailliertes Fachwissen über Computer und Hardware... und vielleicht noch Comics. Sie kennen die wunderbare Serie "*The Big Bang Theory*"? Das ist nicht überzogen gespielt, Nerds sind wirklich so. Und dieser junge Kerl war ein Bilderbuch-Nerd, das ultimative Anschauungsobjekt für alle Uninformierten.

Mein geschätzter Kollege Simon hörte dem Nerd eine halbe Minute zu, ehe er ihm unverblümt und mit seiner herrlich tiefen Profikiller-Stimme ins Gesicht sagte:

„Sorry, aber wenn ich dich privat kennen würde, wärst du für mich ein absoluter Freak!"

Der Nerd lachte und konterte

„Ja ja, man ist immer gleich ein Freak. Aber ich bin kein Freak, ich bin einfach nur gut informiert."

Er war ein absoluter Freak. Er sabbelte jeden Kollegen, der nicht innerhalb von drei Sekunden einen Kunden aufgetrieben hatte und sich damit aus seinen verbalen Fangarmen befreien konnte, erbarmungslos mit unnützen Informationen über Prozessoren zu. Selbst unser Abteilungsleiter, der Mann mit dem Schnellfeuermundwerk, hatte seinen Meister in ihm gefunden. Damit aber nicht genug: Er schnappte uns auch noch jeden Kunden vor der Nase weg und ließ sich in alle möglichen Kundengespräche verwickeln, egal ob es um Drucker, Kameras oder Webcams ging. Zu jedem Thema wusste dieses wandelnde Lexikon etwas, dummerweise war nicht alles richtig. Beispiel gefällig?

„Entschuldigung, diese Windows 7-Lizenz, kann ich die nur auf einem Rechner installieren?"

„Nein nein, ich war neulich erst bei einer Microsoft-Schulung und hab da extra mal nachgefragt. Sie dürfen die Lizenz auf einem Hauptrechner und einem Nebengerät, zum Beispiel ihrem Notebook, installieren. Das geht."

„Sind Sie sich da sicher?"

„Absolut sicher, das geht!"

In diesem Moment wollte ich ihn töten! Oder zumindest schwer verletzen. Für Microsoft hat der junge Mann jedenfalls keinen Promotion-Job mehr erledigt. Der Kunde kam zwei Stunden später wieder, war stinksauer und ich hatte den moralischen Sieg auf meiner Seite. *„Das ist ein Prozessor-Promoter, das ist klar, dass der sich nicht so gut auskennt, wie wir"*, grinste ich den Kunden an und beruhigte ihn anschließend etwas. Er hatte versucht, seine Windows 7-Einzelplatz-Lizenz auf mehr als einem Computer zu installieren und war damit, Sie ahnen es, gescheitert. Unser Nerd hingegen verließ den Markt nach zwei Arbeitstagen wieder und hatte in dieser Zeit immerhin sieben Notebooks verkauft. Ich bin derweil der festen Überzeugung, dass es ohne ihn mehr gewesen wären. Und dennoch hatten wir was vom Besuch des Intel-Nerds: Den Großkarton mit kleinen

Traubenzucker-Portionen mit Werbeaufdruck hat er großzügig unter den Mitarbeitern und Kollegen verteilt.

Eine ebenfalls grundsätzlich sehr angenehme Gattung der Gratis-Arbeitskräfte sind Praktikanten. Schülerpraktikanten, die aus so einem Praktikum wirklich etwas mitnehmen wollen, verhalten sich in etwa wie nervöse Casting-Teilnehmer bei DSDS. Sie sind unruhig, unsicher und haben Angst, irgendetwas Falsches zu sagen. Gut, dass wir keinen Bohlen hatten. Wir hatten nur Mr. Dent, aber der war unter seiner groben, grau melierten, amerikanischen Fassade eigentlich ein lieber Kerl.

Praktikanten dürfen neben dem hautnahen Erlebnis einiger Einzelhandels-Arbeitstage vergleichsweise dürftige Arbeiten bei uns verrichten. Sie müssen hin und wieder die Ausstellungsstücke abstauben, die Ware im Regal nach vorne ziehen, palettenweise Papier auspacken und aufstapeln und Neuware sichern und einräumen – also all die Tätigkeiten, auf die wir Fachberater keine Lust haben und zu denen wir sonst die Azubis verdonnern. Hin und wieder habe ich auch einen Praktikanten zum nächsten Bäcker oder Getränkemarkt geschickt – dann nämlich, wenn mir gerade der Proviant ausgegangen ist und die Dorftankstelle zu weit weg war. Und wenn ich selbst gehen würde, müsste ich ja wertvolle Minuten auf meinem Zeitkonto opfern. Ne, ne. Das Schöne ist, dass unsere Praktikanten in aller Regel sogar dankbar für diese Aufgaben sind, da ihnen sonst innerhalb von zwei Stunden die Langeweile bis zum Hals stünde – wir können die Jungs doch unmöglich auf die Kundschaft loslassen. Zumindest theoretisch.

In der Praxis sieht das etwas anders aus. Freilich schicken wir unsere Praktikanten nicht in Kundengespräche, aber es kommt hier dasselbe Problem zum Tragen, wie bei den Promotern. Auch unsere Praktikanten tragen Namensschilder... naja, es steht *„Praktikant"* drauf. Das bedeutet, dass sie natürlich trotz Zivilkleidung vom unerfahrenen Kunden sofort angesprochen werden, wenn diese alleine nicht weiterkommen. Für gewöhnlich beweisen unsere Praktikanten dann, dass sie gut mit den Kunden umgehen können und verweisen sie freundlich an einen Fachberater in unmittelbarer Nähe. Manche Praktikanten aber schnuppern dann Berufsluft und wollen sich positiv hervortun, sich förmlich für eine Anstellung nach ihrer schulischen Laufbahn anbiedern, Pardon, empfehlen. So ist das eines Tages mit einem Praktikanten geschehen, der schon mehrfach in den Ferien Schülerpraktika bei uns absolvierte. Er kannte mittlerweile die Kollegen, die Örtlichkeiten und das Sortiment und so ertappten wir ihn immer wieder dabei, wie er Kunden eigenständig zu einzelnen Produkten beriet. Eigentlich eine Todsünde... aber es funktionierte erstaunlich gut. Beinahe *zu* gut. So kam ein Kunde nach einem Beratungsgespräch an unseren Infopunkt, um sich löblich über unseren Praktikanten zu äußern. Mein Abteilungsleiter hatte dafür natürlich ein offenes Ohr.

> *„Also ich muss sagen, ihr Praktikant hat wirklich was auf dem Kasten. Stellen Sie den ein, der ist gut. Der hat mich jetzt zu den Lautsprechern beraten, kannte sich einwandfrei aus und hat dabei wirklich eine sympathische Ausstrahlung gehabt. Also nichts gegen Sie jetzt –* er deutete auf mich – *aber der Junge hat echt was auf dem Kasten.“*

Auch unseren Praktikanten wollte ich in diesem Moment töten. Nicht, dass ich etwas gegen qualifizierten Nachwuchs hätte – Gott bewahre – aber wer will sich in Zeiten der Wirtschaftskrise schon gerne die Butter vom Brot nehmen lassen und durch einen jüngeren, klügeren, schöneren Menschen ersetzt werden? Eben.

Ich ermahnte unseren Praktikanten daraufhin, dass er bitte nicht auf eigene Faust Kunden beraten solle, das könne bei einer Falschinformation durchaus unschöne Konsequenzen haben. Immerhin gibt es ja auch so etwas wie Testkäufer. Er nahm mich beim Wort und staubte erst einmal weiter die Regale ab. Ja wo kämen wir denn da hin...?

Klugscheißer-Wissen: Verbraucherschützer kritisieren immer wieder, dass Promoter im Einzelhandel nicht immer klar erkennbar sind und oftmals wie Angestellte des entsprechenden Geschäfts auftreten. Bei uns sind diese Pappnasen aber immer klar erkennbar, keine Angst.

An jedem verdammten Sonntag

Viermal im Jahr kommt es vor, dass unser Markt an einem Sonntag seine Pforten öffnet. Bei der Terminvergabe dieser Sonntage schrecken die Verantwortlichen nicht einmal vor Feiertagen zurück: Selbst für den 3. Oktober, dem höchsten nicht-religiösen Feiertag der Deutschen – auf dem Papier zumindest – wurde schon ein solcher verkaufsoffener Sonntag geplant.

Generell planen viele Städte ihre verkaufsoffenen Sonntage im Frühjahr oder Herbst, da im Sommer einfach das Wetter zu gut ist, um an einem Sonntagnachmittag in der Stadt Kleidung zu kaufen oder sich bei uns zu einem Notebook beraten zu lassen. Nun fragen Sie sich vermutlich dasselbe, was ich mich vor meinem ersten verkaufsoffenen Sonntag gefragt habe: Warum sollte da so viel los sein, wenn wir ohnehin die ganze Woche offen haben? Die Antwort folgt auf dem Fuß: Sonderaktionen! Irgendwie müssen Sie doch den Laden an so einem Tag voll bekommen. Oder glauben Sie ernsthaft, dass die paar Arbeitstiere, die unter der Woche grundsätzlich nicht zum Einkaufen kommen oder um 21 Uhr an der Eingangstür scharren und rufen *"Ün Jöna hötten die döch auch nöch öffen!"* ausreichen, um an einem Sonntag acht vollbesetzte Abteilungen vollends auszulasten?

„Dööööööooouuuhhh!!

Also verballern wir unsere Ware an jedem gottverdammten Sonntag – sofern er verkaufsoffen ist – als kleinen Anreiz mit zehn Prozent Rabatt auf alles außer Tiernahrung, pardon, Werbeware. Bereits Wochen vorher lauern vereinzelte Kunden auf diese Gelegenheiten, fragen nach einem 20-minütigen Beratungsgespräch ganz schamlos *„Danke für die Beratung. Wann haben Sie denn mal wieder so eine Zehn Prozent-Aktion? Da würden wir das Gerät dann holen"*. Besonders pfiffige Menschen versuchen dann gar, uns einen falschen Prozentsatz zu entlocken.

„Wann gibt's denn bei Ihnen das nächste Mal zwanzig Prozent Rabatt?"

„Ähm, nie, bei uns gibt es höchstens zehn Prozent."

Netter Versuch!

Verkaufsoffene Sonntage gelten bei uns vor Allem im Herbst und Winter als Ausnahmezustand. Nicht genug damit, dass der einzige freie Tag in der Arbeitswoche eines Einzelhändlers zunichte gemacht wird, er sorgt auch noch für gestiegene Nervosität bei den Kollegen. Die Abteilungen sind an diesen Tagen üblicherweise voll besetzt. Die Mitarbeiter werden nicht nur angewiesen, bereits eine halbe Stunde vor Ladenöffnung Spalier zu stehen, sondern auch darum gebeten, nicht auf dem Betriebsgelände zu parken. Oftmals muss an jenen Tagen sogar die Feuerwehr oder das technische Hilfswerk den Verkehr auf dem Kundenparkplatz regeln. Als Ausweichmöglichkeit dient dann meist der Parkplatz des fünfhundert Meter entfernten Freibads – also für uns Angestellte, nicht für die Kunden!

Für gewöhnlich fahren wir das metallene Rolltor an einem Sonntag um Punkt 12 Uhr mittags nach oben und verstecken uns dann ganz schnell zwischen den Regalen der Abteilung, um die Kunden ein wenig dazu zu nötigen, auf der Suche nach Beratung nicht kollektiv an unseren Infopunkt zu stürmen. Das würde den Hauptgang des Marktes hoffnungslos verstopfen und irgendwie müssen wir ja auch die Brandschutzrichtlinien und Fluchtwege einhalten - und unsere Klischees erfüllen. An so einem verkaufsoffenen Sonntag bleiben Probleme im Rahmen der vorherrschenden Hektik nicht aus, ganz im Gegenteil: Sie treten sogar gebündelt auf. All das, was Sie bisher in diesem Buch gelesen haben, kann an so einem einzigen Sonntag innerhalb der fünf Stunden, die wir geöffnet haben, eintreten.

Und dennoch, oder vielleicht auch gerade deswegen, sind die Kollegen und auch meine Wenigkeit an diesen Tagen immer ganz besonders motiviert. Wir wollen viel verkaufen, wir wollen einen guten Eindruck hinterlassen und wir wollen, dass der Chef am nächsten Tag ein „*Gut gemacht*" via Rundmail schickt. Der Ansturm der

Kunden macht uns dieses Vorhaben zugegebenermaßen nicht immer ganz einfach, aber dadurch ist immerhin die potentiell zahlende Klientel in ausreichender Stückzahl vorhanden. Nehmen wir die PC-Abteilung: Wir sind an diesem Tag voll besetzt, das heißt sechs top engagierte Mitarbeiter warten auf das, was wir an diesen Tagen einfach nur „die Walze" nennen. Diese sechs Mitarbeiter teilen sich auf in einen Fachbereichsleiter, einen fest angestellten Techniker mit einem versautplatten Sinn für Humor, einen verhaltensauffälligen Kaufmann, - dezent formuliert - einen Rentnern und Rothaarigen gegenüber rassistisch angehauchten Downhill-Biker und zwei mehr oder weniger talentierte Azubis kurz vor der Abschlussprüfung. Allein aus diesem Konstrukt würden einige begabte Filmemacher schon einen actiongeladenen 90-Minüter machen aber das A-Team wurde mittlerweile leider schon neu verfilmt. Lassen wir meine unerfüllten Amateurfilmer-Träume an dieser Stelle mal links liegen... vielleicht im nächsten Buch?

Es ist 11.57 Uhr, das Rolltor hält der Belastung der von außen drückenden Menschenmenge nicht mehr Stand und wird von Mr. Dent unter Einsatz seines eigenen Lebens vorzeitig hochgezogen. Die Walze stürmt in den Markt und auf dem Weg durch den Hauptgang klinken sich die Kunden dutzendweise an den einzelnen Infopunkten aus, so dass am hinteren Ende, in der CD-Abteilung, nur noch die Kunden ankommen, die auch wirklich eine CD haben wollen. Die Türen zum Chefbüro werden umgehend von innen verschlossen, nachdem Herr Kreutzer den von Stiefeltritten verbeulten Körper seines grau melierten Stellvertreters über die zwei Stufen nach drinnen gezerrt hat. Vor meinem geistigen Auge sehe ich unseren Marktleiter, wie er die Blessuren von Mr. Dent versorgt, während aus den kleinen Stereoboxen seines Bürocomputers Mambo Nr. 5 gefolgt vom Las Ketchup-Song erklingt. Mit jedem Meter, den sich die Walze durch den Markt arbeitet, erklingen in den Abteilungen die Alarmsignale von gesicherter Ware oder Aussteller-Handys, die den seismographischen Erschütterungen nicht mehr länger standhalten.

Währenddessen fühlen wir uns in der Abteilung wie im Vietnamkrieg, und das obwohl rein technisch gesehen nur einer meiner fünf Kollegen diesen überhaupt erlebt haben könnte. Die Vietnamesen, pardon, Kunden rennen uns über den Haufen, zwischen den zahlreichen Infanteristen versuchen immer wieder Panzerwagen… nein, Kinderwagen, sich den Weg durch das wilde Getümmel zu bahnen. In der Ferne der Tonträgerabteilung hört man die quälenden Laute zweier kleiner Mädchen, deren Mutter trotz zehn Prozent Rabatt der Meinung ist, das Nintendo-Spiel *„Auf dem Reiterhof von und mit Yvonne Catterfeld"* wäre immer noch zu teuer für ihr mageres Gehalt. Ich stehe inmitten des Geschehens bei den Notebooks und erkläre einem älteren Herrn mit Hörgerät, warum das von ihm favorisierte Notebook keinen T-Online-Browser vorinstalliert hat. Seine Beschwerde versuche ich im Keim zu ersticken.

„Eine Frechheit, sowas muss man mir doch sagen, dass da kein T-Online vorinstalliert ist. Ich brauche das doch zum Arbeiten."

Mein Gegenargument, dass der Hersteller doch nicht einfach den Browser eines jeden einzelnen Providers dieser Welt vorinstallieren könne, versinkt ungehört in der ohrenbetäubenden Geräuschkulisse aus endlos piependen Notebooksicherungen, dem im 30-Sekunden-Takt losheulenden Alarm an der Kasse und dem Geschrei kleiner Kinder, die kein Videospiel von ihren Eltern bekommen. Für einen kurzen Moment glaube ich sogar, Gewehrschüsse und einen tieffliegenden Truppenhelikopter zu hören. Nur der alte Mann steht mit stoischer Ruhe mitten im Gang, während sich unzählige Kunden an ihm vorbeidrücken. Vielleicht war sein Hörgerät kaputt, vielleicht war er aber auch einfach Kriegsveteran. Im Nebengang brüllt Simon in ohrenbetäubender Lautstärke *"Fire in the Hole"* und wirft sich gerade noch rechtzeitig mit einer Hechtrolle auf den Boden, ehe ein Sturmtrupp Rentner mit Offroad-Rollatoren den AMD-Promoter, der hinter Simon steht, mit einem hässlichen Geräusch über den Haufen fährt.

Aus dem Augenwinkel sehe ich die verzweifelnd nach Hilfe suchenden Blicke einer hochroten Azubine, die sich am Infopunkt mit einer kleingewachsenen Frau mit

Hornbrille konfrontiert sieht, die unentwegt mit ihrem bohrenden Zeigefinger auf das Faltblatt in ihrer rechten Hand deutet. Ich löse meinen Blick von unserer gefallenen Kameradin und erblicke im Nachbargang eine Jungfrau… eine *junge* Frau, die mir verführerisch zuzwinkert und mit einer Gratismaus wedelt. Ich sehe ihr verwundert nach, als sich ein Zeigefinger in meine Schulter bohrt. Ich drehe mich um und sehe mich einem beleibten Mann mit matschbraunem Blaumann konfrontiert. Noch ehe ich etwas sagen kann, vernehme ich die Worte

„Ey Kappo, ich bräucht amol a Beratung bei die Epilierer drühm…"

Zu Deutsch etwa:

„Hallo junger Fachberater, ich benötige ihre kompetenten Dienste dringend andernorts, bei den Haarentfernern".

Ich zucke mit den Schultern und rufe *„Nicht meine Abteilung"*, während ich mir das rechte Hosenbein hochkremple, um zu beweisen, dass meine Beine wirklich nicht epiliert sind. Der Mann kontert:

„Obber ich bin fei vo' Siemens!"

Nebenan erspähe ich Simon, der sich von der Beinahe-Kollision mit der Rentner-Squad erholt hat und nun im Angesicht dreier rothaariger Kundinnen versucht, sich mit einer schnurlosen Tastatur selbst zu erdrosseln.

Irritiert erspähe ich meinen Abteilungsleiter, wie er einem kräftig gebauten Mann an der Information der TV-Abteilung ein paar Weißwürste und eine Maß Bier serviert. Aus einem anderen Winkel des Marktes ruft ein junger Kasache engagiert

„Da, Ti-Vi!"

und deutet auf einen Vierschlitz-Toaster, während die Kolleginnen an der Hauptinformation zum ersten Mal an diesem Tag zu einer Durchsage ansetzen.

„Ein freier Kollege der *piep-piep*, *kreisch*, *schluchz*-Abteilung bitte dringend in die Abteilung."

Ich brülle sofort *„Ich hab' doch 'ne Freundin"* nach vorne, während die übrigen Kollegen kurz kollektiv ihre Häupter über die Menschenmassen drücken und wie im Chor brüllen

„Ich bin doch da, verdammt!".

Keine zwei Sekunden später steht unser Lagerist vor mir und fragt mich mit Zornesröte im Gesicht, wer von uns denn bitte die Warenausgabe eines Wohnmobils angewiesen hätte. So etwas hätten wir doch gar nicht, flucht er und ergänzt, dass er sich doch selbst verarschen könne. Ein fünfjähriges, türkisches Mädchen zupft an seinem Hosenbein und fragt ihn, ob er denn mal mitkommen könne. Während mir von links ein Kunde *„Also ich kenn' mich ja mit den Preisen auch aweng aus, gell…"* ins Ohr brüllt, glaube ich in der Ferne, verzerrt durch die schimmernde Abwärme von grob geschätzt 20.000 Kunden, Ausbilder Joe, meinen Deutschlehrer und Mr. Dent zu erkennen, die mir mit einer kubanischen Zigarre im Mundwinkel aufmunternd zunicken. Natürlich löst das in diesem Moment den Rauchmelder aus und unter der erstickten Computerstimme, die "Mayday 300" quakt, stürmen unsere Ersthelfer mit ihrem Schnitzelbrötchen in der Hand aus der Kantine in Richtung des zweiten Rolltors, hinter dem sich der Zonk verbirgt.

„Döööööooouuuhhh!!".

In diesem Moment denke ich an meinen jüngeren Bruder, seines Zeichens Handwerker, der mir heute Morgen auf die Schulter klopfte und sagte

„Hättest was G'scheits g'lernt!".

Noch bevor ich ihm imaginär eine reinhauen möchte, reißt mich eine Kundin aus meinem Tagtraum, der mit einer kurzen, grell-weißen Überblendung wie in einer guten Ärzte-Sitcom zu enden scheint. Ich drehe mich zu ihr um, lächle sie freundlich an. Sie entgegnet nur

„Tschuldigung, sind Sie Fernseher?"

In diesem Moment zeigt die Uhr an der Wand 12.09 Uhr.

Ende

„Die Spätschicht":
Wie alles begann

Die Entstehungsgeschichte eines seltsamen Buchs

Ich habe lange überlegt, wann dieser Impuls das erste Mal da war. Es muss tatsächlich schon 2008 gewesen sein. Zu diesem Zeitpunkt arbeitete ich bereits etwa sieben Jahre im Einzelhandel, die Ausbildung mitgezählt. Schon vorher gab es immer wieder absurde Begebenheiten, von denen ich meinen Eltern, meinem Bruder oder dem engeren Verwandtenkreis bei Gelegenheit erzählte. Einfach, weil mir diese Geschichten zu schade waren, um sie nicht mit meiner Familie zu teilen. Aber dieser erste, echte Impuls, das alles aufzuschreiben, was ich da jeden Tag erlebte, der muss im Jahr 2008 zu Stande gekommen sein.

Es war der Vater mit seiner gutaussehenden Tochter. Sie wissen schon, der, der beim Laptopkauf die Gratis-Maus wollte. Ja, genau, den gab es wirklich. Und es ist auch wirklich so abgelaufen, wie von mir erzählt. Generell ist fast jede Anekdote in meinen Büchern so oder so ähnlich wirklich passiert. Nur selten habe ich ein wenig daran rumgedichtet, ein paar Dinge verändert oder hinzugefügt, um alles besser in das große Ganze einzubinden. Aber als das passierte, wusste mein Kopf: *„Das kannste nicht erzählen. Das musst du aufschreiben. Das ist viel zu gut."*

Gesagt, getan. 2008 begann ich nach und nach, die ersten Geschichten und Erlebnisse aufzuschreiben. Etwa im selben Wortlaut, in dem ich sie auch meiner Familie erzählen würde, denn so kam es immer am besten an. Der Vater und seine *„Jungfrau"* waren erst der Anfang. Kurz danach folgten Grumpy und ihre Hornbrille und der legendäre Ehestreit mit Gott. Ja, es ist wirklich genauso passiert und ja, ich musste das alles wirklich er- und überleben!

Nach einigen Monaten, vielleicht einem Jahr, stellte ich fest, dass mit der Zeit eine durchaus respektable Anzahl an Geschichtchen und Tatsachenberichten zusammenkam. Hier kam das erste Mal der Gedanke, dass das, was ich da tat, vielleicht wirklich in Richtung eines Buches gehen könnte. Freilich war der Gedanke alles andere als ernst gemeint, denn ein Buch zu veröffentlichen, das war damals für mich reine Utopie. Wer würde diesen Scheiß denn lesen wollen? Und das noch gegen Bezahlung? Nein, das war zu surreal für mich.

Und darüber hinaus war es damals noch ungleich schwerer, ein Buch zu veröffentlichen, als heutzutage. Mittlerweile kann das ja leider jeder Idiot, was nicht unbedingt für eine gleichbleibende Qualität auf dem Selfpublishing-Markt sorgt. Aber hey, das ist ein anderes, trauriges Thema.

Das erste Manuskript

Im Jahr 2010 hatte sich die Word-Datei mit meinen Erlebnissen und Anekdoten schon zu einer recht ordentlichen Seitenzahl emporgeschraubt. Wieder kam mir der eigentlich abwegige Gedanke an ein Buch und ich fragte mich, wieviel man wohl schreiben müsste, um diese Ansammlung an traurigen Albernheiten wirklich als Buch verkaufen zu können. So 180 bis 200 Buchseiten sollten es wohl schon sein, dachte ich. Aber wie viel steht überhaupt auf so einer Buchseite?

Ich kramte einige Taschenbücher aus meinem Bücherregal und las ein wenig quer. Ich zählte Zeilen, überschlug Zeichen und zählte Wörter. Dann formatierte ich meine Word-Datei anhand dieser von mir erhobenen Daten – boah, klingt das wichtig! – auf Taschenbuchformat und spielte ein bisschen mit Schriftgröße und Zeilenabstand. Nachdem ich Professor Google zu Rate zog, fand ich auf irgendeiner vermeintlich hilfreichen Seite ein paar aufschlussreiche Zahlen.

„Formatieren Sie Ihr Manuskript ruhig mit Schriftgröße 12 und wählen Sie einen Zeilenabstand von 1,5 – nachjustieren

können Sie immer noch", hieß es dort sinngemäß. Ein großer Fehler... aber das sollte ich erst bemerken, als es zu spät war.

In Ermangelung anderer Anhaltspunkte nahm ich mich dieser Zahlen an und formatierte meine Geschichtensammlung durch. Und siehe da, ich kam auf 140 Seiten. Das war gar nicht so weit weg von *„fast ein Buch"*. Sollte ich etwa wirklich...?

Der nahende Geburtstag einer ganz lieben Kollegin, die ich, auf rein freundschaftlicher Basis, unglaublich gernhatte, kam mir in meinen Überlegungen dazwischen. Sie wusste, dass ich bereits seit geraumer Zeit dabei war, kuriose Begebenheiten aus unserem Arbeitsalltag niederzuschreiben und auch mit dem Gedanken an ein Buch zumindest oberflächlich herum spann. Ich brachte mein etwas über 140 Seiten starkes Manuskript also in eine hübsche Form, knallte ans Ende des Manuskripts hastig ein rudimentäres Finale, das rückwirkend als sehr, sehr frühe Entwurfsfassung des tatsächlichen Finalkapitels betrachtet werden konnte, und eilte mit dem USB-Stick zum Copyshop.

Heraus kamen drei Exemplare eines spiralgebundenen, groben Manuskripts zum in der Hand halten und drin blättern. Wieso drei? Eins bekam meine Kollegin zum Geburtstag, eins habe ich behalten und eins bekamen meine Eltern, weil ich auch ihre Meinung zu diesem zweifelhaften Experiment haben wollte. Übrigens, meine damalige Kollegin freute sich sehr über das Geschenk, wenngleich ich nicht glaube, dass sie es heute noch besitzt. Der Tenor auf dieses Manuskript war jedoch überwältigend. Nicht nur meine Kollegin, sondern auch meine Eltern und Kathrin, meine damalige, mittlerweile leider verstorbene Lebensgefährtin, waren begeistert.

„Du solltest das wirklich als Buch veröffentlichen", war in etwa das, was alle drei Parteien übereinstimmend über das sagten, was sie da gelesen hatten. An der enorm großen Schriftart und dem überdurchschnittlichen Zeilenabstand schien sich niemand zu stören. War wohl zu witzig, um auf Oberflächlichkeiten zu achten. Das ist ein bisschen, wie mit mir als Person. Haha.

Ernüchterung auf dem Buchmarkt

So langsam setzte sich das mit dem Buch in meinem Kopf fest und ich schrieb an meinem Manuskript immer weiter und weiter. Parallel ersuchte ich das große, allmächtige Internet um Audienz und wollte auf diesem Weg einfach mal in Erfahrung bringen, welche Hürden ich auf dem Weg zum eigenen Buch zu überwinden hätte. Schnell fand ich Ergebnisse, die ich allerdings alles andere als erbauend fand.

„Von 200 eingeschickten Exemplaren veröffentlicht ein Buchverlag vielleicht eines", hieß es da übereinstimmend

auf mehreren Seiten. Das war ziemlich ernüchternd. Eine rechnerische Chance von gerade einmal 0,5 Prozent auf Veröffentlichung meines künftigen Spiegel-Bestsellers, das war mir doch eine Idee zu wenig. Ich hätte also eine sehr lange Zeit Klinkenputzen betreiben müssen, um irgendwann – vielleicht – einen Verlag zu finden, der sich meiner erbarmt. Und dieser Verlag hätte dann ohnehin noch ein gewisses kreatives Mitspracherecht gehabt. Auch das passte mir nicht. Ich wollte meine Geschichten so veröffentlichen, wie ich sie geschrieben hatte – und nicht anders. Doch welche Alternativen blieben mir da?

Self-Publishing war ein Begriff, der mir in diesem Zusammenhang immer wieder bei meiner Online-Recherche begegnete. Aber was genau ist Self-Publishing? Das bedeutete im Wesentlichen, dass ein Verlag die Veröffentlichung meines Buchs als Dienstleistung betrachtet, für die ich in finanzielle Vorleistung zu gehen hatte. Gegen die Bezahlung eines festgelegten Preises würde sich dieser Verlagsdienstleister dann um die Veröffentlichung, Listung und physikalische Produktion meines Buchs kümmern – nach Bedarf. Sprich: Gedruckt wird das Buch nur auf Bestellung. *„Print on demand“* sagt man dazu auf neu-deutsch. Und nachdem ich mich in die Thematik grob eingelesen hatte, erschien mir das als der ideale Weg, um mein Buch auf den großen, undurchsichtigen Buchmarkt zu bringen. Horrido, ich hatte einen Plan!

Kreative Probleme

Um ein Buch via „*Self-Publishing*" zu veröffentlichen, musste das Buch aber erst einmal fertig geschrieben werden. Und damit hatte ich in der Endphase so meine Probleme. Wie bringt man denn ein Buch, das im Prinzip nur eine Ansammlung von Anekdoten war, zu einem packenden und fulminanten Ende?

Ich war seinerzeit ein großer Fan von Michael Mittermeier. Der bayerische Comedian hatte mich mit seinem ersten kommerziell erfolgreichen Bühnenprogramm „*Zapped!*" komplett abgeholt. Das war nicht schwer, immerhin wuchs ich in den 80er- und 90er-Jahren mit TV-Legenden wie MacGyver, Colt Seavers, Captain Picard und Kommissar Rex auf. Und dieser Mann machte aus meinen TV-Kindheitserinnerungen ein zweistündiges Comedy-Programm. „*Zapped!*" war das erste Comedy-Programm eines Solo-Künstlers, das ich mir jemals angesehen hatte und ich habe es geliebt. Ich hatte es sogar auf VHS und hab' es mir unter Garantie zehnmal angesehen. Dabei tat Mittermeier nichts Anderes als ich in diesem Buch: Er erzählte von all den verschiedenen Geschichten, die seine Vergangenheit geprägt hatten. Und das ohne großartigen, inhaltlichen Zusammenhang. Doch auch er brauchte ein fulminantes Finale, um sich den tosenden Abschluss-Applaus im Zirkus Krone zu verdienen. Also warf er einfach alle seine TV-Helden in einem großen Finale zusammen und ließ sie in einer fiktiven Szene aufeinanderprallen. Es war köstlich.

Jahre später, als ich nun eben mit dem Abschluss meines Werks haderte, erinnerte ich mich an dieses Finale zurück. Und die Idee gefiel mir. Doch in welchem Kontext könnte man all diese verrückten, kuriosen und wahnsinnigen Erlebnisse noch einmal aufeinanderprallen lassen? Natürlich: An einem verkaufsoffenen Sonntag. Damit stand die Idee fürs Finale fest: Ich wollte Sie als Leser in einen verkaufsoffenen Sonntag entführen und Ihnen das ganze Chaos geballt darstellen. Natürlich völlig überzogen und übertrieben – aber das dürfte beim Lesen offensichtlich geworden sein.

Damit war übrigens auch der Arbeitstitel für das Buch geboren: Es sollte zum damaligen Zeitpunkt *„Ver(kauf)soffener Sonntag"* heißen. Sie bemerken den Witz? Natürlich. Ich muss Ihnen ja nicht erzählen, dass es am Ende ein anderer Titel wurde. Den *„versoffenen Sonntag"* brachte ich aber als belanglosen Gag noch im Buch unter.

Die „Spätschicht" erscheint

Ich erspare Ihnen jetzt langatmige Details – aber nach vielen Dutzenden Stunden zusätzlicher Arbeit kam *„Der Wahnsinn hat Spätschicht!"* im Oktober 2012 tatsächlich auf den Markt. Bei 200 Seiten hatte ich eine

Punktlandung gemacht und war besonders mit dem Finale sehr zufrieden, wenngleich das als einziges Kapitel natürlich nicht wirklich so vorgefallen ist. Aber das dürfte ja offensichtlich sein.

Mit etwas Werbung und Klinkenputzen schaffte ich es sogar, dass die Lokalpresse einen großen Artikel zum Buch veröffentlichte und es darin durchaus lobte. Dass meine autobiografische Konsumsatire – ja, das Genre habe ich erfunden! – in der Zeitung kurzerhand zum „Sachbuch" wurde, wurde dem Werk zwar nicht ganz gerecht, aber ich war dennoch zufrieden mit der Resonanz. Auch die ersten Rezensionen auf einschlägigen Einkaufsportalen waren durchweg positiv – und bis auf die Rezension meines Bruders kann ich stolz behaupten, auf die Ergebnisse dieser Bewertungen keinen Einfluss genommen zu haben. Stellenweise weiß ich nicht mal, wer da bewertet hat… was die Sache fast noch schöner macht.

Dass die Schriftgröße und der Zeilenabstand letztlich katastrophal falsch gewählt waren, realisierte ich erst, als ich mein eigenes, gedrucktes Exemplar vom Verlag bekam. Damals zuckte ich etwas unbeeindruckt mit den Schultern, erst Jahre später würde mich dieser Fehler mehr und mehr ärgern – und letztlich zu dieser Neuauflage führen.

Ebenfalls Probleme gab es mit dem Cover. Eigentlich in einem Türkiston angelegt, wurde das Buch vielen Käufern in sattem Blau geliefert. Nachfrage beim Verlag: Das Cover war im falschen Farbmodus angelegt. Damals prüfte das noch niemand, da wurde stur der Druckauftrag erteilt. Mittlerweile ist man da etwas genauer. So oder so, der Fehler lag bei mir. Ebenfalls sehr ärgerlich. Diese beiden handwerklichen Schnitzer würde ich erst 2019, mit eben dieser Neuauflage, die sie jetzt in der Hand halten, ausmerzen. Besser spät, als nie.

Der Stolz überwog jedoch gegenüber dem Ärgernis. Ich hatte mein erstes Buch veröffentlicht und nicht nur ich, auch meine Familie, meine Freunde und Kathrin waren megastolz. In der Arbeit machten die Kollegen eine Sammelbestellung beim Verlag. Die gesamte Belegschaft bestellte kurzerhand vierzig Bücher. Ich war absolut überwältigt.

Bereits mehrere Wochen nach der Veröffentlichung kamen die ersten Freunde und Kollegen auf mich zu und fragten: „*Und, wann kommt das Zweite?*"

Ein zweites Buch? Nein, keine Chance. Dieses Buch hatte mich so viel Arbeit, Zeit und Nerven gekostet, an ein zweites Buch konnte und wollte ich nicht denken. Das war für mich keine Option.

…

Zwischen 2014 und 2016 entstand der zweite Teil, der im Mai 2016 unter dem Titel „*Der Wahnsinn macht Kassensturz!*" erschien. Mit dem Schreiben dieses zweiten

Teils verarbeitete ich auch den plötzlichen und uner-
warteten Tod meiner Partnerin im Jahr 2015. Viele Leser
sind dennoch der Meinung, dass Teil 2 das witzigste
Buch der Reihe geworden ist. Ich kann's nicht beurtei-
len, ich bin da befangen.

Zwischen Anfang 2017 und Herbst 2018 entstand der
dritte Teil, *„Der Wahnsinn rechnet ab!"*, der die Trilogie
zu einem inhaltlichen Abschluss brachte. Beide Fortset-
zungen sind meiner Meinung nach wirklich großartig
geworden und vor Allem auf das Finale, die letzten
rund zwanzig Seiten des dritten Teils, bin ich wahnsinnig stolz. Teil 3 mag nicht das witzigste Buch der Reihe
geworden sein, in meinen Augen aber ist es das Beste
und Erwachsenste der drei Bücher.

Innerhalb von sechs Jahren hatte ich als unerfahrener
Nachwuchs-Autor also eine komplette Buch-Trilogie
geschrieben und veröffentlicht. Für mich ist das die
Erfüllung eines absoluten Lebenstraums geworden, von
der ich noch lange zehren werde.

Die drei Bücher bestehen zusammengezählt aus über
130.000 Wörtern auf insgesamt 772 Seiten.

Ein vierter Teil ist nicht geplant. Irgendwann ist's auch
mal gut.

Vielen Dank an alle Leser und Unterstützer.

Vielen Dank an all meine Freunde und Kollegen, die mich bei diesem Projekt unterstützt haben.

Danke an meine ganze Familie!

Besonderer Dank gilt Stefanie und Henning für die guten Tipps sowie meinem guten Freund Bernd, auch wenn er nicht mehr bei uns ist.

Danke Kathrin. Du hast mein Leben geprägt, wie kaum jemand sonst. Ich hoffe, dir geht's da oben gut!

Danke an meine beiden Carinas!

Danke Nadja!

Lesen Sie, wie alles weitergeht...

"Der Wahnsinn macht Kassensturz!
- Neue Geschichten vom anderen Ende der
Servicewüste" (2016)

Erhältlich im Buchhandel und als eBook.

ISBN: 978-3-7345-2970-2

... und erleben Sie das furiose Finale!

"Der Wahnsinn rechnet ab!
- Das Allerletzte vom anderen Ende der
Servicewüste" (2018)

Erhältlich im Buchhandel und als eBook.

ISBN: 978-3-7469-7075-2

Liken und teilen Sie die
"Wahnsinn"-Bücher bei Facebook:
facebook.com/derwahnsinn.buch

oder besuchen Sie die offizielle
Homepage unter
www.wahnsinnsbuecher.de